教師のための
インストラクショナルデザイン Ver.2

授業設計マニュアル

稲垣 忠・鈴木克明 編著

北大路書房

序　文

　本書は，2002年に発行以来，12刷を重ねて多くの読者に愛されてきた『教材設計マニュアル』の姉妹編として着想されたインストラクショナルデザイン（ID）の入門書です。前書は独学を支援する印刷教材の設計・開発・評価を通してID の基礎を学ぶテキストでした。それに対して，本書は教室での教師による指導場面を取り上げ，「授業パッケージ」として学習指導案と教材，評価方法をセットにして制作することをめざしました。両書ともに，学習目標を明確に定めて効果的・効率的・魅力的な学習環境をデザインしていこうとするID の考え方に最初に触れる読者を想定しており，好きなテーマで企画を考えて実際に使えるパッケージをつくりながらID の基礎を学ぶ実践的アプローチを採用しています。

　『授業設計マニュアル』は2011年に出版されてから 4 年が経ち，この度，Ver. 2 へとステップアップしました。全15章の構成はそのままですが，最新の教育動向への対応から細部の文言の修正まで，修正・変更箇所は多岐にわたっています。本書は 2 人の編者のもとに多くの著者が協力したグループ作品です。大学の教職課程で教える者のみならず，教育現場の教師や指導者にも執筆を依頼し，互いに英知を出し合ってまとめました。Ver. 2 では， 4 年間の大学の教職課程などでの活用経験をもとに，担当章を変えてそれぞれの目からブラッシュアップを試みました。読みやすさやわかりやすさの向上に最善を尽くしましたが，不完全さが残っているとすればそれは編者がその責めを負うことです。読者の皆さんからの忌憚ないご意見をお寄せいただければ幸いです。

　本書の着想から仕上げの微細に至るまで，これまでと同様に北大路書房の奥野浩之さんにお世話になりました。姉妹編ということを前面に押し出すために「マニュアル」という語を本書のタイトルにも掲げましたが，前書と同様に，「誰がつくっても同じ授業ができます」というノウハウ集を意味するわけではないことを改めてお断りしておきます。私たちが「マニュアル」という言葉に

込めた願い通りに，本書が初心者をガイドして，最低限の品質に達する手助け
となり，そこから各自の創意工夫で基礎を踏まえた独創的な授業が創り出され，
教えることも学ぶことも楽しい授業が全国で数多く展開されることを心より
祈っています。

2014年12月

鈴木克明・稲垣　忠

目次

序文

第1章 よりよい授業をめざして ……………………………… 1

キーワード ……………………………………………………… 1

1 ある先生の悩み　1
2 分析〜授業を構想する〜　4
3 設計〜学習内容を詳細化する〜　5
4 開発〜授業を組み立てる〜　6
5 実施〜授業を魅力あるものにするために〜　8
6 評価〜観察と振り返りで授業力を磨く〜　9
7 授業パッケージづくりに挑戦しよう！　10

章末問題 ………………………………………………………11

第2章 インストラクショナルデザインとは何か ……………… 13

キーワード ………………………………………………………13

1 インストラクショナルデザイン（ID）が大流行　13
2 授業デザイナーになる　15
3 授業を設計するのですか？　16
4 授業を設計しないのですか？　18
5 バランス感覚と効率重視　19
6 ゴール達成の重視　20
7 メーガーの3つの質問　21
8 授業設計の整合性と「三色もなか」　22
9 私にも使える科学的な方法論　24

章末問題 ………………………………………………………26

第3章 学習目標を明確にする〜授業構想の検討〜 ……… 27

キーワード ………………………………………………………27

1 学習目標が設計の中核　27
2 学習目標明確化の3要素　28
3 単元の目標設定　31

iv

    4　授業の出入口と３つのテスト　　32
    5　学習者の分析　　34
  ● 章末問題 ……………………………………………………………… 37

第4章　学力とは何だろうか～多様な学力の見方・考え方～ ……… 39

● キーワード ……………………………………………………………… 39
    1　「学力」に含まれるさまざまな力　　39
    2　近年求められる学力　　40
    3　ブルームのタキソノミーとガニェの学習成果の５分類　　45
    4　多様な学力観のもとで授業をつくる　　47
● 章末問題 ……………………………………………………………… 49
★授業パッケージ講座　その１：授業企画書をつくろう！　　50

第5章　何を教えるのか？～教材研究の方法～ ……………………… 51

● キーワード ……………………………………………………………… 51
    1　教材の構造を明確にする　　51
    2　課題分析の進め方　　53
    3　課題分析図を描く　　54
    4　出入口の再チェック　　60
    5　授業の無理・無駄をなくす　　61
● 章末問題 ……………………………………………………………… 62
★授業パッケージ講座　その２：課題分析にチャレンジ！　　63

第6章　どう教えるのか？～学習指導案の書き方～ …………………… 65

● キーワード ……………………………………………………………… 65
    1　単元計画を組み立てる　　65
    2　授業の組み立ての基礎：導入・展開・まとめ　　67
    3　ガニェの９教授事象～学びを支援する外的条件を整える～　　68
    4　学習指導案にまとめるために　　72
● 章末問題 ……………………………………………………………… 74

★授業パッケージ講座　その3：指導案にまとめよう！　76

第7章　学習指導と評価 (1) ～目標・指導・評価の一体化～ ………… 77

● キーワード ……………………………………………………………… 77

1　学力調査は何のため？～評価の目的と対象～　77
2　テストによる評価，授業の中の評価～いつ・どこで評価するか？～　79
3　相対評価と絶対評価～どのように評定するか？～　81
4　評価の規準と基準を明確にする　82
5　評価の教育的意義～誰が評価するのか？～　84

● 章末問題 …………………………………………………………………… 86

第8章　学習指導と評価 (2) ～目標に応じた評価方法の実際～ …… 87

● キーワード ……………………………………………………………… 87

1　さまざまな評価方法　87
2　学習目標に応じた評価方法の選択　88
3　評価計画を学習指導案に盛り込む　95

● 章末問題 …………………………………………………………………… 97

★授業パッケージ講座　その4：評価計画をたてよう！　98

第9章　魅力ある授業をつくる (1) ～教師の振る舞いの基礎基本～ … 99

● キーワード ……………………………………………………………… 99

1　授業を始める前に　99
2　教師の立ち居振る舞い　100
3　教師が身につけるべきスキル　102
4　子どもに身につけさせたいスキル　106
5　学習環境を整える　108

● 章末問題 …………………………………………………………………… 110

第10章　魅力ある授業をつくる (2) ～学習意欲を高める方法～ … 111

● **キーワード** ━━━━━━━━━━━━━━━━━━━━━━━━━ 111
1 動機づけを高める要因　111
2 ARCS モデル　113
3 学習意欲の観点から授業をデザインする　116
4 学習意欲の観点から授業を点検する　117
5 学ぶ意欲を保ち続けるために　118

● **章末問題** ━━━━━━━━━━━━━━━━━━━━━━━━━ 120

第11章 魅力ある授業をつくる (3)
〜協同的な学びをデザインする〜 ━━━━━━━ 121

● **キーワード** ━━━━━━━━━━━━━━━━━━━━━━━━━ 121
1 三人寄れば……　121
2 社会的構成主義の考え方　122
3 グループで学び合う　125
4 クラス全体で学び合う　128
5 活動を中心とした授業をつくる〜ワークショップとプロジェクト学習〜　131
6 ファシリテーターとしての教師　133

● **章末問題** ━━━━━━━━━━━━━━━━━━━━━━━━━ 134

第12章 魅力ある授業をつくる (4) 〜情報社会に適応する〜 ━━ 135

● **キーワード** ━━━━━━━━━━━━━━━━━━━━━━━━━ 135
1 社会の情報化と教育の情報化　135
2 ICT 活用の実際　137
3 情報教育と情報モラル教育　142

● **章末問題** ━━━━━━━━━━━━━━━━━━━━━━━━━ 144

★授業パッケージ講座　その5：改善アイデアを検討しよう！　145

第13章 授業を分析してみよう ━━━━━━━━━━━━━ 147

● **キーワード** ━━━━━━━━━━━━━━━━━━━━━━━━━ 147
1 観察のポイント　147
2 見たことを記録する意味　149

目　次──vii

　　3　授業記録の方法　150
　　4　授業分析の方法　154
- 🔵 **章末問題** 157

第14章 研究授業・模擬授業から学び合うために 159

- 🔵 **キーワード** 159
　　1　マイクロティーチングの実施　159
　　2　教育実習における研究授業　162
　　3　授業検討会における振り返り　164
　　4　学び合う事後検討会をつくる　165
- 🔵 **章末問題** 167

　★授業パッケージ講座　その６：模擬授業に挑戦しよう！　168

第15章 これからの教師に求められる授業力 169

- 🔵 **キーワード** 169
　　1　教師にとっての資質～不易なものとしての「授業力」～　169
　　2　教師に求められる資質・能力の分類　171
　　3　新しい内容への対応～学ぶ姿を見せる教師になる～　174
　　4　成長しつづける教師であるために　176
- 🔵 **章末問題** 178

授業パッケージ制作シート 179
①授業企画書　180／②課題分析　181／③学習指導案　182／④評価計画　183／⑤授業改善のチェックリスト　184

授業パッケージ交流シート 185
①授業企画書の発表会をしよう！　186／②授業プランを交流しよう！　187／③模擬授業にチャレンジ！　188

文献
索引
あとがき

第1章　よりよい授業をめざして

「よい授業」とはどのような授業でしょうか。授業は子ども，教師，教材，教具，学習環境などの要素から成り立っています。本章では授業を設計し，実践，評価するまでの全体像を紹介し，「授業パッケージ」の制作に向けたガイダンスを行います。

授業力，教育工学，ADDIE モデル，学習目標，教材分析，学習指導案，魅力ある授業，教師の成長

やってみよう
今まであなたが経験してきた中でもっとも印象に残った授業はどんな授業でしたか？　なぜその授業が印象に残りましたか？　授業の内容，教師の言動，あなたが取り組んだことの3つの観点から分析し，話し合ってみましょう。

　ある先生の悩み

　新任校3年目の鈴木先生（仮名）。最初の2年間はあっという間に過ぎていきました。以前，受け持った子どもたちと廊下で顔をあわせると元気に挨拶をしてくれたり，頼りになる同僚の先生の支えもあります。学校にはだいぶ慣れ

てきましたが，それにしても先生の毎日は忙しいもの。授業の準備や子どもの
プリントの添削の他に，職員会議，校務分掌，部活動の指導，保護者の対応に
追われ，授業の準備ができるのは午後5時を過ぎてから。授業がうまくいけば
うれしいし，子どもの成長を見られることは教師冥利につきます。それでも忙
しい日々に流され，毎日の授業にじっくり取り組めないもどかしさを感じてい
ます。

　そんな鈴木先生に研究授業の声がかかりました。この学校の研究主題は「子
どもたちが主体的に学び，かかわり合う授業づくり」です。まだ新しい研究主
題になったばかりで手がかりはほとんどありません。「子どもたちが意欲をもっ
て学ぶ姿があればいいのかな？」「かかわり合うということは何か話し合いを
するということ？」漠然としたイメージしかわいてきません。研究授業は教師
にとって自分の授業力を高めるチャンスです。頼りにしている同僚の先生から
は「研究主題もあるけど，まずは鈴木先生が普段の授業で『もっとこうしたい』
と考えていることを思いきってやってみたら？」と言われました。自分はどう
したいのだろう？　子どもたちが活き活きと学ぶ表情は目に浮かびます。その
ためにどんな授業をつくればよいのでしょう。そもそもよりよい授業とは，何
をめざしたらよいのでしょうか……。

　本書は，授業をつくるプロセスを体系的に示したテキストです。「体系的」
というのは，授業をつくる際にどんなことを考えればよいのか「要素」を理解
することと，そして要素をつなぎ合わせ，組み立てていくための「手順」を身
につけることを含んでいます。何となくの思いつきや，情熱さえあれば！といっ
た思い込み，インターネットで検索したものや先輩の指導案をやみくもに真似
るのではなく，自分で授業をつくれるようになるための「芯になる力」をつけ
ることをめざしています。「明日の授業ですぐ使える」ネタや「この通りやり
さえすれば大丈夫」といった安易なノウハウを紹介する本ではありません。次
のような方を読者として想定しています。

1．大学の教職課程を履修する学生。さまざまな教科の指導方法を考える土台
　　となる，授業の構成の仕方や教材の分析方法を学ぶことができます。教育職

員免許法に示された単位で言えば教職に関する科目のうち「教育の方法と技術（情報機器及び教材の活用を含む）」に対応します。
2．学校現場の先生方。日々の授業をよりよくしたいという思いをもちながらも，上述の鈴木先生のように「どう立ち止まったらよいか」迷ってしまった方。とりわけ，授業の組み立ての基礎基本をもう一度確認したい方や，魅力ある授業をつくる引き出しを増やす方法を学びたい方が対象です。

本書の執筆者が専門とする「教育工学」は，学校教育，社会教育，企業教育などさまざまな教育の現場を対象にしています。「工学」と聞くと，機械的なものや理数系のイメージをもたれるかもしれませんが，本来は現場の問題に正面から向き合い，「どのようにしたら改善できるか」といったノウハウや，そのために役立つ道具をつくることを意味しています。「科学」と「工学」の違いを考えるとわかりやすいでしょう。例えば宇宙科学は，宇宙の果てはあるのか，惑星は何からできているのか，といった「What」を明らかにします。宇宙工学は，ロケットや人工衛星を飛ばすのにはどうしたらよいか，人間が宇宙で生活するにはどのようにすればよいか，といった「How」に関する学問です。教育工学は，授業や教材のつくり方，教育に効果的なさまざまな道具の効果的な活用法の探究など，教育現場の問題解決と改善をめざしています。本書は教育工学の中でも授業設計（インストラクショナルデザイン：IDと略します）の手法に習い，授業づくりの方法を体系的に解説していきます。

まずはその入口として，IDの基本中の基本である ADDIE モデル（ディック他，2004）をお手本に本書の全体像を描いてみましょう。ADDIE モデルとは「Analysis（分析）」「Design（設計）」「Development（開発）」「Implement（実施）」「Evaluation（評価）」の頭文字をつないだモデルです（図1-1）。横

図1-1　ADDIE モデル

文字が並んでいますが，何ということはありません。普段，教師が日常行っていることを少し丁寧に分解して見せただけのことです。それぞれの段階では次のようなことをします。

- 分析：学習者の特性や前提知識，教える内容を分析し，目標を明確にします。
- 設計：教材研究を行い，教える内容の見取り図をつくります。
- 開発：単元の計画，授業の流れをまとめ，教材や学習環境を準備します。
- 実施：指導案に基づき，用意した教材を使って実際に授業を行います。
- 評価：授業後の検討会等で授業の振り返りをします。

インストラクショナルデザインでは，このような授業づくりに関する基本的な考え方や，学習意欲を高める方法，教師の学習者との関わり方，教材の構成方法まで，よりよい教育活動をめざしたさまざまな理論が提案されています。その魅力は第2章「インストラクショナルデザインとは何か」に譲りますが，本章では，分析から評価までのそれぞれの段階をもう少し詳しく述べながら，各章の概要を紹介していきます。

分析～授業を構想する～

　よい授業の最低条件は，学習者が授業でめざすこと，つまり学習目標を達成しているかどうかにつきます。いくら子どもたちが目を輝かせて授業に参加していても，教師がねらった知識が身についていなかったり，見当違いの話し合いで盛り上がっていたりしたのでは，子どもたちの意欲も無駄になってしまいます。ところが，この目標を適切に，ブレずに，明確に定めるのはそれほど簡単ではありません。

　算数の授業で「三角形の面積の求め方を考える」授業をイメージしてみましょう。「三角形の面積の公式を教えて，あとは練習問題をたくさんすればいいかな」——これでは先ほどの面積の求め方を「考える」授業ではなく，求め方を「覚える」授業になってしまい，すでに目標がブレています。「三角形の面積の公式は平行四辺形の面積の求め方の延長だから，最初に平行四辺形の求め方を復習して，あとは三角形が平行四辺形の半分であることに気づかせ

ればいいかな」——これなら子どもたちの考える余地も生まれてきます。ところが実際には習ったはずの平行四辺形の面積の求め方が十分でなかったり，定規で正しく辺の長さを読み取れない子どもがいたりします。子どもの実態に応じて目標とするレベルを適切に調節した上で，単元（何時間かの教える内容のひとまとまり）の構成ができると，その一時間で何を目標にするかが定まってきます。目標が明確になれば，その授業で何ができていればよいのかをチェックするための評価規準も明確になります。

　つまり，授業を構想する最初の段階では，学習目標の方向を定めるのがスタート地点であり，目標を適切に，ブレずに，明確に定めることがその授業の評価規準，つまりゴールです。**第3章「学習目標を明確にする」**では，学習目標にはどんな種類があるのか，それを定めるには，教材だけでなく，学習者の前提知識も含めて何を検討すればよいのかを示しています。

　もうひとつ考えたい視点として，授業を通してどのような力を育てることをめざすのかという，学力観の問題です。情報社会の進展，グローバル化など時代の変化や子どもの実態，地域社会の変化に対応して，学習指導要領の改訂がなされてきました。国際的な学力調査の結果に端を発した学力低下論争もありました。一時間の授業で学力が劇的に伸びるわけではもちろんありませんが，日々の授業の積み重ねが子どもたちの学力を形成することもまた事実です。**第4章「学力とは何だろうか」**では，時代の変化に対応したさまざまな学力に対する考え方と，それに応じた授業イメージを確かめることで，学習目標の方向性を再検討します。

 設計〜学習内容を詳細化する〜

　教育実習生が苦労することのひとつに学習指導案を書くことが挙げられます。担当の先生の許可が得られるまで夜遅くまで残されたとか（担当の先生がそれだけつき合ってくださったわけですが），指導案がまとまらず徹夜明けのまま授業をしてボロボロになってしまったとか，現職の先生方であれば苦い思い出のひとつやふたつはあると思います。何年後かに教育実習を控える学生の皆さ

表 1-1　学習指導案の項目例

(a) 基本情報	学年，教科，授業日時，教室，授業者，児童・生徒数など
(b) 児童・生徒	学習内容に関する児童・生徒の理解や学級の様子
(c) 教材	扱う教材の特徴や価値
(d) 指導	どのように指導するか，留意点
(e) 単元	単元の目標，単元構成
(f) 本時	本時の目標，授業の流れ
(g) 評価	評価基準，評価の方法

んであれば，こんな話を聞くと不安になるかもしれません。

　学習指導案は，いわば授業の設計図です。何を題材に，どんな子どもたちを相手に，どんな授業をするのかを**他の教師が読んで授業ができるように書く**ことが大前提になります。書式や項目の名前の付け方は地域や学校によって多少の違いはありますが，おおむね表1-1のような内容が学習指導案には含まれます。

　（a）は授業をする時点で決まってきますが，（b）は前節で見た児童・生徒の前提知識に関する理解や，学級の様子，学習に取り組む態度について取り上げます。（c）の教材が本節に関係します。社会科で都道府県の名前を知らずに日本地理を教えるわけにはいきませんが，「国土の環境が人々の生活や産業と密接な関連をもっていることを考える」（平成20年小学校学習指導要領社会科より）には，全国の県名を暗記していることではなく，生活や産業と地域環境がどのように関係しているのかを理解していないと授業をつくることはできません。学習内容にはどんな「部品」が含まれるのか細かく分け，それらがどのように結びつけば，学習内容を身につけたことになるのか，学習目標にたどり着くまでの道のりを細分化していくのです。**第5章「何を教えるのか？」**では，学習目標の種類に応じて教材をどう分析すればよいのかを明らかにします。

 開発〜授業を組み立てる〜

　表1-1に示した学習指導案の中でも（d）指導（e）単元（f）本時の3つは，

具体的な授業の流れを検討する場面です。(e) の単元から見ていきましょう。

　教科書は一般的にいくつかの単元から構成されています。教師用の指導書（教科書の解説資料）には，教科書の一単元を教える際に，どこに何時間程度かけてどのように構成すればよいか例示されています。学習指導案を作成する際には頼りになる指導書ですが，指導書が想定している子どものイメージと実際のクラスは同じでしょうか。単元のねらいに近づくために，もっと他の方法や，もっと子どもたちの興味をひきつけられる素材はないでしょうか。指導書をきっかけにしながらも，あくまで授業者のねらい，子どもの実態に応じて内容を読み解き，自分なりの単元構成ができるためにはどうしたらよいのでしょうか。

　そして研究授業として取り上げる一時間をどう組み立てればよいでしょうか。「導入―展開―まとめ」といった一般的な流れはありますが，それぞれの場面で何をすれば，子どもたちの学びが成立するのでしょうか。もう一歩踏み込んだ授業づくりの手がかりを教えてくれるのが**第6章「どう教えるのか？」**です。授業の流れをイメージする際，教師の立場から，まずこれをして，次にここを説明して，最後にここをまとめれば形になる，というように教師側の理屈で考えがちです。「ここで子どもたちが活動する場面を設けて」と考えてみても，何のために活動し，子どもたちがどんな理解に到達していくのかを見極めなければ，十分な支援はできないはずです。インストラクショナルデザインの理論は，「こうすれば授業が形になる」を教えるのではなく，「こうすれば学習者の学びをより確かにできる」方法を教えてくれます。教育工学のさまざまな理論は，認知心理学をはじめとした学習に関する理論の蓄積に基づいています。現実の授業づくりに使いやすい道具として整理されたノウハウを用いて，授業の組み立てを掘り下げてみましょう。学習指導案の上では，一時間の流れを (f) 本時に表で記載します。(d) 指導には，作成した授業を実施する上での工夫点や留意事項をまとめておきましょう。

　授業のおよその内容と流れが見えてくると一安心といきたいところですが，ここでもう一度，授業目標と内容がしっかり対応しているか確認してみてください。そのためには，授業の成果をどのように見極めるか，つまり (g) 評価を具体的に考える必要があります。知識を身につけるための授業と，子どもた

ちが自分の考えを表現する授業では，使用できる評価の方法は変わってきます。第7章と8章では，「学習指導と評価」を2回に分けて紹介します。第7章では評価するための物差し（評価規準・基準）のつくり方を解説します。第8章では，学習目標の種類に応じた評価方法を取り上げます。

実施〜授業を魅力あるものにするために〜

　学習指導案ができ上がればあとは授業をするだけなのですが，実際の授業は学習指導案通りにいかないことがほとんどです。予想外の子どもの発言や，用意した教材が小さくて見えづらいといったハプニング，指示がはっきりしていなかったために活動に時間がかかりすぎたり，結果として授業を大幅に延長したり，強引にまとめざるを得なくなるような悲劇は避けたいものです。

　第9章から12章「**魅力ある授業をつくる**」は授業をよりよくするために教師ができる手だてを紹介する章です。第9章では授業をする上での**教師の基礎・基本**を取り上げます。練りに練った指導案にもかかわらず，実際の授業では発問の仕方，指示の仕方，子どもの意見の取り上げ方，板書の構成などでの小さなミスが大きく授業の流れを左右してしまいます。この章では授業をする上での初歩的なミスを防ぐコツを紹介します。

　次に考えたいのは，子どもたちの**学習意欲の引き出し方**です。教材をきちんと分析し，学習者の思考の流れに配慮した授業ができたとしても，子どもたちは興味をもって意欲的に学ぶとは限りません。授業を面白くするのは雑談やジョークではありません。導入で面白いものを見せるだけでなく，学習者が挑戦したくなる課題の出し方，自信をもって活動できる足場づくり，ほめ方など，子どもたちの活動を引き出しながら意欲を高めていく方法を第10章では紹介します。

　第11章では，子どもたちが学び合う**協同学習**を取り入れた授業の作り方を解説します。話し合いやグループ活動などを中心とした授業では，教師には提示や説明とは違った役割が求められます。話し合いのテーマをどう設定するか，議論を深める手だては何か，あるいはグループで新聞やポスターにまとめるの

であれば，どんな点に留意して子どもたちは取り組み，でき上がったものをどう活かせばよいでしょうか。最近では社会教育や企業の教育現場でも一方通行の講義ではない，参加者の活動を中心としたワークショップ型の学習活動が取り入れられています。こうした学習者の活動を授業に組み込む方法を紹介します。

最後の第12章では，情報社会と授業設計の関わりについて取り上げます。近年の学校現場には，電子黒板やタブレット端末，実物投影機といったICT (Information and Communication Technology) 機器が整備されつつあります。実物投影機があれば，教科書や子どものノートを大きく写すことができます。電子黒板からデジタル教科書を呼び出せば，教科書に関する動画やアニメーションを見せることもできます。ICT機器を使って授業の効率を高めたり，魅力をアップする方法について取り上げます。

もうひとつ，大切な側面があります。**情報教育**，つまり情報社会を生きる子どもたちをどう育てるかについてです。ネット上のトラブルから身を守る方法，豊富な情報の中から必要な情報を見つけ出したり，正誤を見極める方法を教えることは，授業を通して，子どもたちが生涯学び続けていくための道具の使い方を教えることでもあります。

評価 〜観察と振り返りで授業力を磨く〜

教育実習では学校に行って最初から授業をするのではなく，まずは現場のプロの教師の授業を見学して，授業の組み立てや子どもとの関わり方を直に学ぶチャンスがあります。研究授業でも校内の他の先生の授業を見学したり，他校の公開研究会に参加する機会もあることでしょう。問題なのは，どのような目で他の先生の授業を見て，そこから何を学び取るかです。**第13章「授業を分析してみよう」**では，授業を見る際の記録の取り方を紹介しました。授業分析の際には，内容や授業の組み立て以上に，教師がどのように発問を投げかけているか，黒板をどう使っているか，子どもの意見にどう対応したか，といった具体的な振る舞いや，子どもの活動の構成の仕方，教材の見せ方などの手だて

を見ていくことで，学習指導案だけではなかなか見えてこない立体的な授業の姿が浮かび上がってきます。

研究授業のあとの事後検討会では，授業者の立場であれば，その日の授業にどんな意図で取り組んだのか，子どもたちの様子をどうとらえていたか，今回の授業を振り返る自評を述べる機会があります。さらに参観者と討議をしたり，ワークショップ形式で授業のよい点や改善点を指摘し合う中で研究授業の成果が明らかにされていきます。**第14章**は「**研究授業・模擬授業から学び合うために**」と題しました。授業について討議する際のポイントや進め方のガイドとなる情報をまとめてあります。

 ## 授業パッケージづくりに挑戦しよう！

本書は，学習指導案と授業で使う教材やプリント，評価方法をセットにした「**授業パッケージ**」を制作することをゴールとしています。大学の授業であれば授業パッケージを用いて模擬授業を実施できるでしょう。教育実習生や現場の教師であれば，課題に感じている部分を拾い読みしていただいてもかまいませんが，授業パッケージづくりは，そのまま研究授業に取り組む際の一連のガイドにもなるはずです。

教師の授業力は一朝一夕につくものではありません。自分の力で授業を構想・設計し，教材や環境を工夫し，実践した結果を振り返ることの積み重ねで磨いていくしかないのです。**第15章**の「**これからの教師に求められる授業力**」では，これから教職をめざす学生や若手の教師に向けた応援メッセージをまとめました。ぜひ授業で勝負できる教師をめざす一助として，本書を活用してみてください。

章末問題

1. 「ID」とは何の略ですか？ インストラクショナルデザイン
2. 次の語句を ADDIE モデルの順に並べ替えてみましょう。
   (a) 設計 2 (b) 分析 1 (c) 実践 4 (d) 評価 5 (e) 開発 3
3. 企業の商品開発の流れと授業設計の流れを比較し，同じところと違うところについて，自分の考えを書いてみましょう。

・・・・・・・・・・・・・・さらに深めるには？・・・・・・・・・・・・・・

W. ディック，L. ケアリー，J. O. ケアリー／角行之（訳）（2004） はじめてのインストラクショナルデザイン　ピアソンエデュケーション

米国におけるインストラクショナルデザインの教科書の定番。本書と姉妹書『教材設計マニュアル』は，いずれもこの本の構成をベースにしています。

第2章 インストラクショナルデザインとは何か

インストラクショナルデザインでは，どのような考え方で授業を設計するのでしょうか。その結果，どのような授業が実現するのでしょうか。本章では，授業デザイナーとしての教師の役割を紹介し，「授業パッケージ」に含むべき要件を解説します。

インストラクショナルデザイン，授業設計，技術的な条件，ゴール，メーガーの3つの質問，整合性，評価の設計

やってみよう

ID（インストラクショナルデザイン）という言葉は実社会のどのような場面で用いられているでしょうか。本やインターネットで実例を探してください。また，そこから学校教育と学校外の教育の共通点や相違点について話し合ってみましょう。

◆ ◆ ◆

 インストラクショナルデザイン（ID）が大流行

2003年頃から「インストラクショナルデザイン」というカタカナがタイトルに含まれた書籍がたくさん出版され始めました。最初に出たのが，『インストラクショナルデザイン入門─マルチメディアにおける教育設計─』（リー＆オー

図2-1　インストラクショナルデザインの関連書

エンズ著，東京電機大学出版局，2003)。アメリカ流のマルチメディア教材開発手法のハウツーをまとめたものでした。次が『はじめてのインストラクショナルデザイン』(ディック他著，ピアソン・エデュケーション，2004)。アメリカでもっとも広く使われていた教科書の翻訳です。「ID入門者のバイブル：アメリカ留学最初の講義でこのテキストを使って，外国人にカタカナで自分の名前を書かせる自学教材を作りました。待望の必読書です」と私は推薦の言葉を贈りました。

　和製の書籍もそれに続きました。『インストラクショナルデザイン—教師のためのルールブック—』(島宗理著，米田出版，2004)，『授業の基礎としてのインストラクショナルデザイン』(赤堀侃司著，日本視聴覚教育協会，2004)，そして，『実践インストラクショナルデザイン—事例で学ぶ教育設計—』(内田実著，東京電機大学出版局，2005)。この頃から，「インストラクショナルデザイン (Instructional Design，以下ID)」という言葉がブームになっていきました。

　一足先に本書の姉妹編である『教材設計マニュアル—独学を支援するために—』というタイトルのID入門書 (鈴木克明著，北大路書房，2002) を世に送り出していた私としては，このブームはうれしい限りでした。アメリカで1980年代にIDを学び，帰国後に『放送利用からの授業デザイナー入門—若い先生

へのメッセージ―』（鈴木克明著，財団法人日本放送教育協会，1995a，絶版）を出した当時には，授業設計や授業デザインという言葉は通用しても，カタカナの「インストラクショナルデザイン」という言葉は通用しませんでした。私の師匠でIDの生みの親，ロバート・M・ガニェの名著も，旧版の邦訳で用いていた『授業とカリキュラムの構成』というタイトルを変更して，原著に忠実に『インストラクショナルデザインの原理』（ガニェ他著，北大路書房，2007）と改題して世に問うこともできました。その後も「インストラクショナルデザイン」をタイトルに含んだ書籍の出版が相次ぎ，私自身も『最適モデルによるインストラクショナルデザイン―ブレンド型 e ラーニングの効果的な手法―』（鄭仁星他著，東京電機大学出版局，2008）を共著で書き下ろし，また『学習意欲をデザインする― ARCS モデルによるインストラクショナルデザイン―』（ケラー著，北大路書房，2010）と『インストラクショナルデザインとテクノロジ―教える技術の動向と課題―』（リーサー他著，北大路書房，2013）の 2 冊の翻訳を完成させました。すっかり「インストラクショナルデザイン」という言葉も定着したようですね。

授業デザイナーになる

　授業（インストラクション）を設計（デザイン）する目的は，授業をよりよくするためです。よりよい授業にするとは，効果を高め，効率よく，魅力的な授業にすることだと考えられています。授業の目標にクラスのみんなが到達し（**効果**），なるべく短時間でそれを成し遂げ（**効率**），そして「もっと学びたい」という気持ちで授業を終わる（**魅力**）こと。それがID流に考える「よい授業」です。しかし，それを実現するためには，多くの問題が山積しています。

　○計画倒れの問題：なぜ失敗を次に生かせないのか？
　○授業形態の問題：教師がしゃべる授業以外に何ができるか？
　○勉強方法の問題：なぜ聞いただけでは身につかないのか？
　○学習意欲の問題：なぜやる気は長続きしないのか？
　○自己管理の問題：卒業までに何を教えるか？

それらの問題に対して，初心者にもわかりやすく，さまざまな実践者の知恵と工夫を結集した枠組みが提案されています。これらの技法や研究を総称して，IDと呼びます。例えば，前章で紹介した**ADDIE**モデルのように失敗を次に生かすための**システム的アプローチ**，学習成果の個人差を説明する**キャロルの学校学習モデル**（第3章），学びのプロセスを助ける作戦を整理した**ガニェの9教授事象**（第6章），授業・教材を魅力あるものにするための**ケラーのARCS動機づけモデル**（第10章），教師主導の一斉授業を問い直す**ブランソンの情報技術モデル**（第12章），**メリルのIDの第一原理**（第15章）などが，私のお気に入りのID理論です。
　これらの枠組みを参照しながら，何をめざして，どんな学習環境の中でどんな学習活動を仕掛けるか，そして，成果がどの程度あったかをどう確かめ，何を直していくかを実践の中で意識的に考えていく。これが授業デザイナーになる，ということです。それが授業デザイナーであるとすれば，すでにもう自分も授業デザイナーだ，あるいはそういう人になりたい，とは思いませんか？

授業を設計するのですか？

　そもそも授業を**設計（design）**する，あるいはIDとは何を指して言うのでしょうか。「設計」あるいは「デザイン」という言葉をことさら用いなくても，教師は日常の授業案を考え，授業を営んでいます。子どもたちの顔を思い浮かべながら授業で使えそうなネタを探し，授業の起承転結を構成し，準備物を整えて授業に臨む。研究授業でも普段の授業でも，具体化の程度の差こそあれ，授業の計画をあらかじめ頭に描いて教壇に立っているものです。前章の「鈴木先生の悩み」のように日常の雑務に追われ，もう少しじっくり教材研究をして授業に臨みたい，との思いがなかなか実現できないのが現実ではありますが。
　授業実践の積み重ねから，ベテランになれば自分の授業スタイルを確立し，事前の準備に必要な時間も徐々に少なくてすむようになるのかもしれません。あるいは逆に，経験を積めば積むほど，授業について考えれば考えるほど，「授業というのは奥が深いものだ」との思いを強くする読者も少なくないでしょう。

そんな経験と授業への思いに支えられたベテランの授業実践から学ぶものは図り知れないほど豊富で，憧れの的です。教師として「あの先生のようになれたらいいな」と思う理想像は，誰しもがもっているのではないでしょうか。

　人と人とがぶつかり合う授業に対して，設計（デザイン）という言葉を使わなくても「計画」といった言葉でもよいかもしれません。でも，それならば教師である以上，毎日誰でもやっていることです。そもそも授業は「生き物」ですから，あらかじめ詳細に設計などできるはずもありません。細かく計画をたてればたてるほどダイナミックな授業進行が難しくなり，（公開授業のときのようなよそゆきの）予定調和で型にはまった薄っぺらい授業になってしまう危険性すらあります。大筋で計画してきたことを子どもたちにぶつけて，子どもの顔を見ながらその場で臨機応変に変更しながら授業を構成していく力が大切なのでは？　教壇に立つ日を夢見ていた学生の頃，もし私が「授業設計」，あるいはIDという言葉を耳にしたなら，おそらくこんな類の反応をしたことでしょう。

　その後，私は視聴覚教育や教育工学の研究に触れ，渡米して教育工学の中でもシステム的なID研究を中核とするフロリダ州立大学大学院に学びました。そこでは，IDの生みの親ロバート・M・ガニェ教授が教壇に立っていて，直接教えを得る機会を得たのです。フロリダ州立大学では，松尾芭蕉の「不易と流行」になぞらえれば，メディアは時代とともに変わるもの（流行），IDの考え方はどんなメディアを用いる授業にも有効な方法（不易）という立場で，カリキュラムが組まれていました。日本でも耳にしていた授業設計という言葉が英語になるだけで，とても新鮮に感じられたものでした。

　この経験を通して，自分自身の考え方がずいぶん柔軟になりました。言葉で表すと少し変ですが，四角四面のカッチリした設計という考え方も悪くはないと思える柔軟性が出てきたのです。それまで柔軟な授業へ固執していた自分が柔軟ではないな，と気づいたと言ったらよいでしょうか。

 授業を設計しないのですか？

　IDとは，授業の**青写真**を描くことです（鈴木，1989）。より専門的に言えば，「IDとは，教育活動の効果・効率・魅力を高めるための手法を集大成したモデルや研究分野，またはそれらを応用して学習支援環境を実現するプロセスのこと (p.197)」（鈴木，2005）です。「青写真」とは，我が家を新築する際の「設計図」を思い浮かべてみるとよいでしょう。リビングはなるべく広く，大きな窓がほしい。できれば天井も高くしたい。台所は対面式にして食事の準備中も家族の会話に加われるようにしたい。夢は膨らむ一方ですが，現実は厳しいもの。予算も土地も限られているので広々とした家を建てることもできないとすれば，何かを得るためには何かを犠牲にしなくてはいけません。リビングを広くする代わりに各自の寝室は狭くてもしかたないとか，吹き抜けにしたかったけれど2階にもうひと部屋確保するためにそれをあきらめるといった具合に折り合いをつけて，設計図をつくっていきます。設計図ができれば水回り，電気やガスの配線，構造的な強度など技術的な観点からのチェックを加え，場合によっては「部屋の中にどうしても柱が1本立ってしまう」などということも余儀なくされるかもしれません。

　設計という言葉には，**技術的な条件**の存在が含まれています。家を建てるのであれば，理想の家づくりを設計図に表現する際に，水回り，配線などどの家にも共通して備わっている条件があります。配線図がきちんと描けたから

といって必ず住みやすい家ができるわけではありませんが，電気の配線図を用意することはどの家づくりにも必要な条件のひとつです。

　人にものを教えようとする場合もそれは同じだと言えます。どんな授業にも共通して備えていた方がよいことには，例えば本書で紹介するガニェの9教授事象のような，子どもの学びを助けるという観点からの工夫があります。この枠組みを何の目的のために使うのか，あるいはそれをどのように実現していくのかは授業を構想する人によってさまざまです。けれども，授業が子どもたちの学びを助けることを目的として行われる限り，「人がいかに学ぶか」「学びを外から支援するための条件は何か」について研究してきた学習心理学の研究成果を踏まえていた方がよいことは明らかです。

　技術的な条件を備えている授業の方がそうでない授業より学びを助ける可能性が高いのであれば，授業を計画する際にその条件を検討してみることは大切です。授業者の意図をより確かに伝えるための視聴覚コミュニケーション，あるいは子ども同士の学習活動をより効果的に組織するためのリーダーシップ論などの観点から，授業の技術的条件を踏まえて授業を設計してみるのも効果的です。技術的な要件を備えたからといって，ベテランの授業の足元にも及ばないでしょうが，何かの手がかりはつかめるでしょう。いろいろな授業を比べてみるときの，あるいはベテランの授業の何がすごいのかを読み取るための枠組みになることは確かです。アメリカ生活の中で，徐々にそう思うようになりました。

 バランス感覚と効率重視

　設計という言葉には，技術的な要素が含まれていること以外にも，さまざまなニュアンスが込められています。まず，全体との関係からのバランスを保つために**構成要素の取捨選択**を迫るということが挙げられます。家を建てるときには，予算の制約があり所有している土地の広さも無限大ではありません。同じように，授業で伝えたいこと，扱いたいことが山ほどあっても，授業時間は無制限にあるわけではないのです。子どもたちの理解力にも限りがありますか

ら，教師がスピード違反をしてまくしたてて，やらなければならないことをすべて網羅したという安堵感があっても，子どもに学びが成立する可能性は高くはありません。授業時間に限りがあるからこそ，時間を有効に使おうとする工夫が必要なのです。同じことを達成するのならばなるべく短時間でという発想，つまり**効率重視**の発想は，そこから生まれてきます。

　一度きっちりとした設計を行うことは，それに縛られて身動きができなくなることを意味するわけではありません。それはむしろ，計画変更に伴う長所短所を瞬時に明らかにするという効果を生むのです。例えば，ある授業が予想を超えて白熱し，授業時間の延長が必要であると感じたとき，ここでこの授業を延長するとどこかにそのしわよせが生じる可能性を考慮する必要があります。年間計画があるのにもかかわらず教科書の3分の2しか終えられないという事態は，何を捨てて何を取るかを見極められない**バランス感覚**の欠如が原因です。そもそも，綿密な計画がないところに臨機応変さはありません。計画がなければ，それを変更するという行為はなく，行き当たりばったりになってしまうのです。

ゴール達成の重視

　設計という言葉は，青写真をつくるという最終作品の姿を表すと同時に，その作成手順が目的からの「逆順」であることを示唆しています。いきなり授業の起承転結をどうしようか，という手順の計画に入らないことを強調する意味が込められています。家を建てるときには，材料や作業工程を心配する前に「どんな家を建てたいのか」を十分に検討します。それと同じように，授業の設計でも「子どもたちがどう変化する授業なのか」をまず十分に吟味します。どうやって授業をするか（How）より前に，何を学ばせるのか（What），それをなぜ学ばせるのか（Why）を検討せよ，ということです。

　授業の計画をたてる際，大まかでよい「本時の指導過程」がもっとも詳細に記述され，もっとも議論が必要な「中学校3年間の社会科でどういう教育を行うのか」とか「今年度の研究では何を明らかにするのか」という全体的なゴー

ルが美辞麗句の羅列で終わってしまうことがあります。美辞麗句の文言については慎重に検討を重ねても、それを日々の授業実践の中にどう実現していくのかという肝心な点、つまり大きい目標と一時間ずつの授業をどう結びつけていくのかについての吟味が一番最後にまわされてしまうのです。そうなると、教科書の何ページから何ページまでを終わらせるというノルマが目標にすりかわり、「木を見て森を見ず」の罠に陥ってしまいます。

　授業設計は**ゴール達成へ向けての計画**であり、その手段は柔軟に、いろいろな可能性の中からゴールへの近づき具合をもとにして最善の手を選んでいきます。旅で時間が不足してどちらを取るかという局面に立たされたときには、「どちらを選択することが全体を見たときにふさわしいか」を考えればよいのです。大きな目標が見えていれば、思い切ってあきらめる勇気、捨てる勇気がもてます。選択の理由がはっきりしているので、後悔も少なくてすむでしょう。目標を重視し、それに一歩ずつ近づいていくという考え方の魅力は伝わりましたか。

メーガーの３つの質問

　授業設計の考え方をもっとも端的に表しているものに、**メーガーの３つの質問**があります。授業設計、つまり授業計画のシステム的なアプローチが盛んに議論された1970年代、アメリカの教育工学研究者ロバート・F・メーガーが次の３つの質問の大切さを指摘しました（メイジャー，1974）。

- Where am I going?（どこへ行くのか？）
- How do I know when I get there?（たどり着いたかどうかをどうやって知るのか？）
- How do I get there?（どうやってそこへ行くのか？）

　ひとつ目の質問は、どこへ行くのかについてです。つまり授業のめざすものを、**子どもたちのどんな学習を支援していくのか**という観点から明確にすることです。ふたつ目の質問は、たどり着いたかどうかをどうやって知るのか、つ

まり**目標達成を評価する方法**を明らかにすることにあたります。「富士山の山頂に登る」というのであれば「富士山頂」の看板があれば「ここが富士山頂であり目標を達成した」という事実は明白です。けれども，子どもの学びを助けることが目標である授業の場合，その評価方法は登山ほど簡単ではありません。頭の中はのぞけませんし，子どもたちが学習目標に到達したことを確かめる手だてをあらかじめ考えておく必要があります。そして3つ目が，**授業のゴールにたどり着かせる方法**を考えることです。いったんゴールが明確になれば，登山道が何本もあるように，ゴールに至る道筋はひとつではありません。あれこれ授業のネタを工夫して，自分の得意な方法も組み入れながら，一人でも多くの子どもが無事ゴールに到達できる作戦をたてることになります。

　ところで，富士山に登るという一見とても明らかな目標も，実はその先にある目標達成のためのひとつの手段かもしれません。「日本一高いところに行くこと」や「御来光を仰ぐこと」が目標であれば，もっとも楽な方法を選んで，なるべく上まで交通機関を利用し，できるだけ歩かずに登ってもよいでしょう。逆に，「体力を鍛えること」や「達成観を味わうこと」，あるいは「信仰上の理由から願をかけたい」という目標ならば，始めの一歩から自らの足で極めるべきでしょう。ある目標を決めたとき，その目標をめざす理由は何かをもう一度問い直してみると，その先が見えてきます。それと同時に，目標到達に用いる手段を選ぶ際の参考にもなります。一つひとつの授業の目標だけでなく，単元や教科の目標までを意識することで，授業方法の選び方も変わってくるでしょう。

 授業設計の整合性と「三色もなか」

　さて，メーガーが指摘した授業の目標，評価，方法の3つが三身一体となっている状態を「**整合性**」がとれていると言い，授業設計でもっとも重要視される指標です。つまり，授業のねらいに即した授業の成果の確かめ（評価）がされているかどうか。学習活動や教師の指導の手だてが授業のねらいに即して準備されているかどうか。そして，学習活動や授業内容と合致した評価が行われ

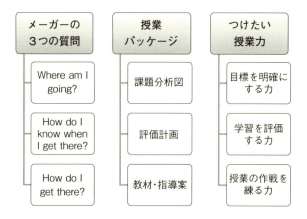

図2-2　授業設計とメーガーの3つの質問

ているかどうか。整合性という観点に立って，他のふたつを見比べながら，評価はこれでよいか，授業の方法はこれでよいかを吟味していきます。この整合性を常に意識することで，目標と実践の乖離(かいり)を防ぎ，常に目標の到達度を参考にしながら，次の実践を設計することが可能になるのです。学校現場では「**目標と指導と評価の一体化**」と呼ばれています。

　ローカルな例ですが，仙台市の名産品として名高い「三色もなか」を引き合いにして整合性を説明してみましょう。ゴマ，粒あん，抹茶など3種類のアンコがひとつのもなかに詰まって1個で3回おいしい和菓子です。目標，評価，授業方略は三色もなかのアンコであり，どれひとつ欠けてもそれは授業設計の欠陥品になってしまいます。また，それぞれのアンコのつくり方にはそれぞれに技術的な裏づけがあるので，授業設計の力量をつけたければアンコひとつずつについて勉強する必要があるということです。本書を通して「授業パッケージ」の制作に取り組むことで，**目標を明確にする力**，**学習を評価する力**，そして**授業の作戦を練る力**をバランスよく習得していただくことを願っています。

　3つの力量の中でも，とりわけ学習を評価する力は，これまで軽視されてきた感があります。自らの授業の成否を自ら評価し，目標に照らして授業を改善するための手法として，テスト作成の技術を習得することは，授業デザイナーとしての教師にとって，大変重要な意味をもつものです。学習目標が達成されたかどうかを正確かつ妥当に判断するためのテストを自作できる，と自信を

もって言える教師がどれほどいるでしょうか。アンケートや観察項目の作成を含めた評価問題の作成は，多分に技術的な事柄であり，教師の授業経験に裏づけられた創造性が発揮されることではありません。授業のデザイナーをめざす教師には，テスト作成に関する技術的な手ほどきを受ける機会が大切です。

さらにもうひとつ，アンコを用意するタイミングについてです。それは，三色のアンコが残らず用意できなければ，三色もなかの製品，すなわち授業設計が完了しないということです。システム的な授業設計においては，授業を実施する前にテストを準備します。これを**評価の設計**と言い，授業のでき具合を確かめる手だて（これには多くの場合テストが含まれる）を事前に準備することを求めます。テストが準備できて初めてメーガーの3つの質問の中の「たどり着いたかどうかをどうやって知るのか」に答えることになり，三色のアンコがそろったとみなすわけです。授業設計には「**目標の設計**」「**評価の設計**」「**方法の設計**」の3要素があり，メーガーの3つの質問はそれらすべてを事前に用意することの重要性を指摘したことが特に重要なところです。

私にも使える科学的な方法論

「釜石での短い教員体験で痛切に感じたことは，教師は子どもに対する愛情だけでできる仕事ではないということ。ベテランに比べて自分に教わった子どもたちは不幸であった。教師には子どもに確かな学習を成立させる知識と技術が必要」（沼野，1986）

自らの教壇経験に基づいて，授業設計の考え方を日本に根づかせた沼野一男の願いは「ペスタロッチのような天才でなくても，私にもせめて大過なく子どもたちを教育できる科学的な教育方法」に出会うことでした。授業を「設計する」というアプローチとそれに必要な技術的基盤の習得に明け暮れたアメリカでの研究生活を今振り返ると，私が得たものは，日本で目のあたりにした憧れのベテラン教師の授業に少しでも近づくための，「私にも使えそうな科学的な方法論」でした。

IDの生みの親ガニェ教授のもとで博士号を取得して帰国してから，もう30年になろうとしています。本書は私が帰国した後に生まれた若い読者に多く読まれることになるでしょう。あれから，自分が教員免許を持っている中高の英語科だけでなく，中学校の社会科，高校の情報科，小学校から高校までの全校種にわたる放送教育・コンピュータ教育・情報教育，通信制高校など広範囲の先生方と一緒に実践研究をしてきました。最近では，学校を離れて大学での授業改善や病院での研修，あるいはIT業界や製薬業界などさまざまな業種における企業内研修やeラーニングなど，扱う内容領域や対象者もさらに広がっています。しかし一貫して，あの頃学んだIDが便利な設計ツールとしてどの場面でも役立つことを実感しています。

日本の学校教育は，伝統的に教師の手によって編み出され伝承されてきた教科ごとの授業スタイルが根強く，また確固たる教育の品質維持に役立ってきたことで世界的に有名です。読者の皆さんには，自分が教える教科に伝わる「教え方」を片手に持ちながら，同時にどの教科にも活用できる「教え方」であるIDをもう片手にしっかり持って，教育者の道を歩んでほしいと願っています。IDは，何をどういう形で誰に教える場合にも使える「科学的な方法論」なのですから。

> 注　本章の一部は，絶版となった下記書籍から許可を得て，一部修正して転載しました。
>
> 　鈴木克明（1995）『放送利用からの授業デザイナー入門―若い先生へのメッセージ―』財団法人日本放送教育協会（第8章　授業デザイナーとしての教師の力量）
>
> http://www.gsis.kumamoto-u.ac.jp/ksuzuki/resume/books/1995rtv/rtvcont.html

章末問題

1. 次の説明に対応する語句を語群の中から選びましょう。
   (a) 複数の事柄がしっかりとかみ合っていること
   (b) 授業で何を学ばせるのかを明確にしてから，学習の流れを考えること
   (c) 綿密な計画にしばられすぎずに，子どもの反応をみて対応できること
   (d) どんな授業にも備えているべき事柄
   (e) 「もっと学びたい」と思われる授業が備えているもの
   　　（ア）ゴール達成の重視　（イ）技術的な条件　（ウ）整合性
   　　（エ）バランス感覚　　　（オ）魅力
2. 授業デザイナーとしての教師に求められるのはどんなことでしょうか？　高校までの教科書を1冊用意して，メーガーの3つの質問への答えを自分の言葉でまとめてみましょう。

・・・・・・・・・・・・・さらに深めるには？・・・・・・・・・・・・・

R. M. ガニェ他／鈴木克明・岩崎信（監訳）（2007）インストラクショナルデザインの原理　北大路書房
本章でも紹介しましたが，IDをさらにじっくり学ぶことができます。本書のベースになっているガニェのID理論への理解をさらに深めたい人に。

第3章 学習目標を明確にする
～授業構想の検討～

　よい授業の最低条件は，学習者が目標を十分に達成できることです。学習目標を適切に，ブレずに，明確に定めるにはどうしたらよいでしょうか。本章では授業設計の最初の段階で行う，学習目標の明確化について説明します。さらに，授業の出口（学習目標）だけでなく，入口（学習者の条件）についても，検討すべき内容を紹介します。

学習目標，目標行動，評価条件，合格基準，学習者分析，
前提条件，授業の出入口，前提・事前・事後テスト，
ニーズ分析

やってみよう
　授業をひとつ，イメージしてください。その授業の後，子どもたちにどのような変容があれば授業は成功でしょうか。変容を具体的に書くために気をつけたらよいことについて，話し合ってみましょう。

 学習目標が設計の中核

　教師には，学習者に身につけてもらいたい，知ってもらいたい，できるようになってもらいたいと思っていることがあります。そのようなねらいをより具体的な形で表し，身についたかどうかを判断できるように書かれたものを**学習目標**と呼びます。学習目標は，授業設計の最初の段階で明確に定義しておくと，

授業の「出口」がはっきりします。

　学習目標をあまり考えずに，授業の具体的な内容や方法から考えるとどうなるでしょうか。教科書や指導書に沿って授業を進めるだけですと，目標をあらためて意識することは少ないかもしれません。第2章で述べた通り，IDでは目標（ゴール達成）を重視します。授業設計は目標に向けた計画を立てることです。学習目標が不明確だと，どこを目指して設計してよいのかがわからなくなり，設計が迷走したり，途中で頓挫してしまうことにもなりかねません。

　学習目標は，誰にでもはっきり伝わるような形で明確に表すことが大切です。例えば，①「四角形を理解する」と②「数種類の平面図形の中から四角形をすべて指し示すことができる」という2つの目標があるとします。①のような目標であっても，多くの教師は四角形に関する授業をそれらしくつくることはできます。しかし，教師によって授業の流れや，何をもって「理解した」とするのかは，バラバラになってしまうでしょう。②はどうでしょうか。こちらは①よりも目標が明確で，授業の落としどころも見えやすいと思います。さらに，②のように目標は明確な方が，その目標に到達したかどうか評価する方法も考えやすいものです。

学習目標明確化の3要素

　十分に練られていない学習目標ほど，あいまいで大きすぎる傾向があります。学習目標を明確にしていくと，本当にその目標でよいのか，達成可能なのかを検討することができます。結果的に，よい意味で子どもたちの身の丈にあった目標設定が可能になるのです。ここでは目標を明確化するための3つの要素「目標行動」「評価条件」「合格基準」を紹介します。

1──目標行動

　学習目標は，**学習者が授業後に何ができるようになったのかを**，外部から観察可能な行動で表すようにします。学習者が授業を通して身につけることは，頭や筋肉等の身体の内部的な変化です。目標に関して実際にやらせる（表に出

第3章　学習目標を明確にする〜授業構想の検討〜 29

させる）ことなしに，教師も学習者自身も本当に身についたかどうかを判断できないのです。

　学習目標は，基本的に**学習者を主語**に，「〜できる」を語尾にして記述します。教師の視点や学習活動について述べてはいけません。例えば，「三角形の特徴を教える」は教師が行うことです。「三角形の特徴について考える」は学習者が授業中に行うことを述べていますが，どのように考えたのか，教師には判断する材料がありません。また，「三角形の特徴を理解する」「〜を知る」「〜に気づく」などの目標は，学習者のあるべき姿を述べてはいますので，学習目標としても成立しますし，よく用いられます。しかしそれは，観察可能な行動ではありません。例えば「理解する」とはどういうことなのか，一歩踏み込んで考えてみましょう。「三角形の定義を口頭で説明できる」「三角形を数種類の平面図形の中から選択できる」とすれば，学習者が授業後にできるようになっていることや，それをどうやって確認するのかが明確になります。

　しかし実際に行動で表そうとすると，語尾だけをなんとかしようとして，無理な表現になりがちです。行動で表すことには，あいまいさを軽減するという価値があります。評価をイメージしながら，できる限り外部から観察可能な行動に着目してみましょう。なお，目標行動を考えていくと，目標を複数に分割できそうに思える場合があります。無理に1つに収めようせずに，2つ，3つと分け，箇条書きで示した方がよいでしょう。

2──**評価条件**

　評価条件では，学習目標に示される行動が，**どのような条件のもとで評価されるのか**を検討します。例えば，英作文の試験で辞書を使ってよいかどうかによって，難易度は大きく異なります。「辞書を使わずに」という条件であれば，文法とともに英単語の語彙力も必要です。「辞書を使って」という場合は，語彙力を辞書で補うことができます。他にも，地理で「地図帳を使いながら」，水泳で「ビート板を使いながら」，作文を「ワープロで」など，**道具を使用する**かどうかは評価条件です。道具は，その利用法を習得しておく必要はありますが，道具が助けてくれる部分を学習する必要はなくなります。

　評価する対象や手段，環境を限定する場合もあります。「バブル崩壊前の東

京を例に」ドーナツ化現象を説明できる，「虫を見ずに」鳴き声を聞いて虫の名前を挙げられる，「25mプールで」平泳ぎを50m泳ぐことができる（ターンが必要になる）などです。もちろん，ひとつの目標に複数の条件がつく場合もあります。料理であれば「レシピを見ながら」「材料を与えられて」などがあるでしょう。評価条件は，学習目標を限定する働きをします。条件をつけ加えることで，学習目標はさらに明確になります。

授業を大きく左右するわりに，評価条件は見落とされがちです。評価条件を設定したら，授業中に提供される練習や評価は，この条件のもとで行う必要があります。

❸──合格基準

合格基準とは，**学習目標に達したかどうかを判断する合格ライン**のことです。学習者が授業後に「どこまで」できるようになっている必要があるのかを検討します。「全問正解する」「8割正解する」「10秒以内で」「誤差5％以内で」「チェックリスト10項目中8項目を満たす」など，いろいろな基準が考えられます。完全に習得しておいてほしいことや，失敗が許されないことは，すべて正解することが基準になりますし，いくつか例示できればよいといったものは，合格基準を低く見積もってもよいでしょう。合格基準は，合格の最低基準を示すものなので，「平均点以上」「上位5位内に入る」といった相対的なものではなく，**絶対評価**となります。また，ルーブリック（第7章参照）のように文章で表現する場合もあります。合格基準を考えると，学習目標のどの部分をどの程度，重視するのかが明らかになります。

合格基準は先ほどの評価条件と混同されやすいので確認しておきましょう。例えば，何らかの知識を問う60分間で行うペーパーテストがあるとします。制限時間内に回答することや，辞書や電卓を使ってよいかどうかなどは評価条件です。何問中，何問が正解であれば合格なのかを見極めるラインが合格基準です。

単元の目標設定

　授業を設計する際，学習目標は単元のレベルでまず検討します。単元目標を明確にした上で，単元の流れを組み立てていくと，一時間ごとの授業の目標が見えてきます。

　学校教育において学習目標は，単元と一時間の授業の関係よりさらに大きなレベルも含めた，階層構造で成り立っています。まず，各教科には学習指導要領で定められた学習目標があります。次に学年の目標があり，単元の目標は，学年の目標を具体化したものと言えます。どのレベルでも，学習者のあるべき姿を記述するのは同様ですが，目標の明確さ（具体性）の度合いは，掲げる目標の大きさによります。例えば，中学校国語の教科の目標は次のように表現されています。

　　「国語を適切に表現し正確に理解する能力を育成し，伝え合う力を高めるとともに，思考力や想像力を養い言語感覚を豊かにし，国語に対する認識を深め国語を尊重する態度を育てる」（平成20年中学校学習指導要領より）

　次に，学年の目標として「目的や意図に応じて的確に話せる」「構成を考えて的確に書く」のように抽象度が高めに表現されています。単元や本時のレベルで学習目標を考える際，もちろんこれらの上位の目標との関連が前提ではありますが，より明確な学習目標を設定すべきです。学習目標を明確にする3要素の視点から検討してみましょう。

　単元目標は複数になることが一般的です。詳しくは第4章で説明しますが，観点別評価の各観点が満たされるように，学習目標が設定されるためです。単元目標として掲げられた複数の目標を，一時間の授業ですべてカバーする必要はありません。どの観点を本時では特に重点を置くのかは明確にしておきましょう。学習目標に設定したのであれば，達成できたのかどうか，評価する必要があります。一時間ごとの目標と評価の積み重ねに道筋をつけるのが，単元目標だと言えるでしょう。

4 授業の出入口と3つのテスト

　IDでは,最初に出口(学習目標)を決め,次に入口(学習者の条件)を検討します。**授業(単元)の出入口**を明確にすることは,授業が担うべき範囲(責任範囲)を明らかにすることです。前提条件を満たしている学習者なら,責任をもって学習目標に到達させますよと保障することになります。

　授業の出入口をきちんと機能させるためには,前提テスト,事前テスト,事後テストの3つのテストを行うことがよいとされています。まず,出口から見てみましょう。**学習目標に到達したかどうかを確かめる**テストを「**事後テスト**」と呼びます。IDでは授業を実施する前にテストを作成します。学習目標に到達したかどうかは,事後テストに合格できるかどうかで判断されます。テストを作成する中で,学習目標が明確になることもあります。

　入口については,まず「**前提テスト**」があります。これは前提条件を確認するためのテストです。授業を受ける前に最低限身につけておいてほしいことをテストし,**授業を受ける資格があるかどうか**を確認します。不合格であれば授業を受ける準備ができていないことになりますので,より基礎的な部分を教えてから授業に入る必要があります。

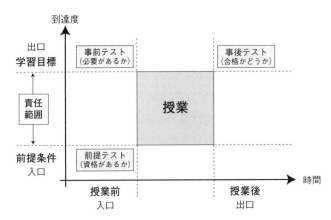

図3-1　授業の出入口と3つのテスト

第3章　学習目標を明確にする〜授業構想の検討〜 ── 33

　入口で行うもう一つのテストが「**事前テスト**」です。事前テストは，事後テストと同じレベルのテストを事前に行うことによって，**授業を受ける必要があるかどうか**を確認します。事前テストに合格すれば，事後テストに合格したことと同等になりますので，授業を受ける前から学習目標を満たしていることになります。授業では，普通こういったことは起きないので，まだ理解していない部分を確かめ，**どこを重点的に教えるべきか**を考える材料を得るためのテストと考えておきましょう。

　以上をまとめたものを図3-1に示します。なお「テスト」には，ペーパーテストだけではなく実技テストや，チェックリスト，簡単な口頭での質問なども含みます。研究授業の場合，指導案を書く前に前提テスト・事前テストの内容を含む調査をすることがあります。授業の導入場面で前提テストや事前テストの内容に相当する発問をする場合もあるでしょう。事後テストは本時の最後，あるいは単元終了後に実施します。

　学校現場では，授業についていけない子どもや，塾等で先に進んでいる子どもがいるために，日々の授業で入口のレベルをそろえることはなかなかできません。3つのテストの観点で眺めることで，ばらつきのある子どもたちをまとめて教えることの限界をはっきりと認識することができます。前提条件に満たない子をどこで支援していくか，すでにできる子を退屈させない方法はあるかを検討するきっかけになります。事後テストに合格しない子どもがいた場合には，そもそも前提を満たしていないのか，満たしていたのに到達しなかったのかで，対応の視点も変わってきます。

　なお，学習目標（出口）と学習者（入口）のバランスも考慮しましょう。授業は生き物です。学習者の反応もさまざまですし，その場でできるようになる瞬間に立ち会えることは授業の醍醐味でもあります。一方で，つまずいたり，遅れ気味の子どもが出ることも日常茶飯事です。教師は日々，目標を調整しながら授業を進めます。単元開始当初に計画していた出口と現在の学習者の状態にずれが生じたのであれば，学習者の状況に応じて学習目標（や前提条件）を下げる（あるいは上げる）こともあります。

⑤ 学習者の分析

🔲——なぜそれを学習する必要があるのですか？

　このように問われたとき，皆さんならどのように答えますか。学習指導要領に示されている，次の学習に必要だから，将来役立つから，成長に必要だからなど，いろいろな答え方はあると思います。ID では，学習目標（ゴール）を定めるために，**ニーズ分析**を行います。ニーズ分析とは，「なぜ」その授業を学ぶ必要があるのかを明らかにすることです。学習者の現状と理想のギャップが問題（ニーズ）です。そのギャップを埋めるのが授業の役割と言えます。

　学校教育では学習指導要領が各教科の目標を規定しているため，「なぜそれを学習するのか？」を改めて問うことはなかなかありません。一方で，総合的な学習の時間のように学校ごとに指導内容を決められる場面や，学校，学年の教育目標を決める機会は，教師にとってこの「なぜ？」を考える大きなチャンスです。子どもたちがどんな現状にあるのか，どんな願いや期待をもっているのか，なぜそれを教えるのか，なぜ子どもたちはそれを学ぼうとするのか，お互いが納得するためにもニーズをしっかりつかむことが大切です。もちろん，教科指導であっても学びたいニーズを引き出すべきです。なぜその学習目標なのかを考えることは，目標を深く理解することにつながります。そこから「なぜ学ぶのか」を学習者に伝えることもできるはずです。

🔲——学習者の状態を把握する

　授業とは，ある状態にある学習者を学習目標まで引き上げることですから，学習者がどんな状態にあるのかをよく把握しておくことは重要です。ID ではこれを**学習者分析**と呼びます。学習者分析として検討すべき項目を表3-1に示します。

　学習目標を決める上で特に重要なのは，授業の前にあらかじめ身につけておいてほしいこと，すなわち「**前提条件**」です。「**レディネス**」（学習の準備性）とも呼びます。子どもたちは，何の知識もないゼロ地点から授業を受けるでしょうか。学校種・学年・単元と積み重ねられたカリキュラムの中で，本時の授業

第3章　学習目標を明確にする〜授業構想の検討〜 —— 35

表 3-1　学習者について把握しておくべき項目（ディックら，2004 から一部抜粋して改変）

(1) 前提条件	授業において学習目標を達成するために，学習者があらかじめ身につけておくべきことを満たしているか。
(2) 関連知識	学習者がこれから学習する内容や関連する内容について，どの程度知っている（経験している）のか。
(3) 学習意欲	授業に対する学習者の学習意欲はどの程度か。興味はあるか，やりがいはあるか，自信をもって取り組めるかなど。
(4) 学業レベル	学習者の他の教科を含めた成績の程度や，学校全体やクラス内の学習者の一般的な知能レベルなど。
(5) 学習方法の好み	一斉授業・グループ学習などの好み，利用するメディアの好みなど。これまでにどれが成功したのか。
(6) クラスの特徴	クラスの全体的な特徴（雰囲気や，他クラスと特に異なる点など），個々の学習進度のばらつき度合いなど。

が成り立っています。そのため，ほとんどの授業は，あらかじめ学習者に何らかの知識やスキル等が前提条件として存在していることを想定しています。

　例えば，社会科で三権分立について学ぶ授業では，国会・内閣・裁判所の役割を知っていることが前提条件です。授業では，導入部分でこれら三権の役割を復習するにしても，中心は三権分立（抑制と均衡の関係）の学習となるはずです。もし国会について知らない学習者がいたとすれば，前提条件を満たしていないので授業についていけない可能性が高くなります。

　前提条件以外にも学習者について把握しておくと，授業設計に役立つことがあります。例えば，授業に対する学習者の意欲が低いと考えられれば，動機づけるための導入を行います（動機づけの方法は第10章）。授業に関連した豊富な知識をもっているなら議論をさせてみたり，学業レベルが高いなら余計な説明はせずに練習を増やしたりもできます。進度にばらつきがあれば，自学自習教材を用意して個別学習にしてもよいでしょう。いずれにしても，学習者を知ることはよい授業をつくるためには欠かせません。

❸──個人差に対応するために

　クラスの子どもたちは，それぞれに個性があり，知識の差や興味関心が違い

ます。教師が個人差に対応するには何ができるでしょうか。キャロルが1963年に提唱した**学校学習モデル**は，ある子どもは成功し，ある子どもは失敗を重ねてしまう現象がなぜ起きるのかを説明します（黒上，2000）。「あの子はできるから」「あの子はできないから」と決めつけてしまえば教師の役割はそれでおしまいです。キャロルは，成績の差は子ども個人の資質（生まれもった能力や知能指数など）が原因ではなく，「よい成績を収めるために必要な時間を使わなかったこと」と考えました。そうであれば，その子が課題達成に必要な時間をどう確保し，どんな支援（環境，問題，助言など）を工夫したらより短い時間で学ぶことができるのかを検討できます。つまり能力から時間への発想の転換を行ったのです。

$$学習率＝\frac{学習に費やされた時間（time\ spent）}{学習に必要な時間（time\ needed）}$$

とてもシンプルな式ですが，意味するところは学校学習を根底から覆す力があります。カリキュラムによって一律に決まってしまう子どもの学習時間が一人ひとり実際には異なることを突きつけたのです。次にキャロルは，学習率に影響を与える変数を5つ指摘しました。5つの変数を学習率の式にあてはめると下記のようになります。

A：課題への適性：教科や課題の得意・不得意
B：授業の質：高い質の授業は短時間で十分学ぶことができる
C：授業理解力：教師の意図を理解する一般的な知能や言語能力
D：学習機会：ある課題に対して教師が確保した時間
E：学習持続力：子どもの意欲・集中力，興味関心

$$学習率＝\frac{D\ 学習機会×E\ 学習持続力}{A\ 課題への適性×B\ 授業の質×C\ 授業理解力}$$

この中で教師にできることは何でしょうか。必要な時間を減らすには，授業を工夫することです。費やされた時間を増やすには，興味関心を高め，学習に使える時間を確保します。一方で最終的に学べるかどうかは学習者自身にもか

かっていることも，このモデルは示しています。教師は学習率を高めるために工夫し，働きかけますが，結果を保障することはできません。

　限られた授業時数，限られた勤務時間だからこそ，一時間ごとの学習目標を明確にもつ必要があります。そのためにも，一人ひとりの個性や個人差をできるだけ把握し，無理のない学習目標を吟味することが，失敗しない授業設計のスタートラインをつくるのです。

 章末問題

1. 本章の内容について，次の文章の正誤を答えましょう。
   (a) 学習目標は，授業者が何を教えるのかを書けばよい
   (b) 「計算機の使用」が評価条件の場合，授業でも使用するべきだ
   (c) 合格基準は，学習者に応じて臨機応変に調節した方がよい
   (d) 授業や教材の最初の部分をレディネスと呼ぶ
   (e) 学習にかかる時間は学習者によって異なる
2. アルバイト，部活，自分のクラスなどで，あなたが誰かに教える場面を思い浮かべてください。そこで対象となる学習者について，学習者分析をしてみましょう。その結果，教える際にどんな配慮が必要か，考えてみましょう。

・・・・・・・・・・・・・・・さらに深めるには？・・・・・・・・・・・・・

内田実（2005）　実践インストラクショナルデザイン―事例で学ぶ教育設計―
　東京電機大学出版局
　企業教育やeラーニングを対象にADDIEモデルにならってIDの手順を解説しています。特に本章で紹介したニーズ分析について詳細に述べられています。

第4章 学力とは何だろうか
～多様な学力の見方・考え方～

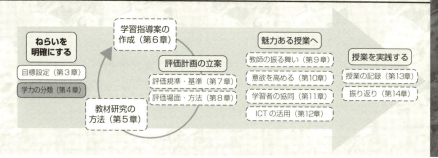

　「子どもの学力が低下している」といった報道を耳にしたことはありますか。そもそも「学力」とはどのようなものなのでしょうか。コミュニケーション力，読解力，計算力，問題解決能力など，「学力」にはさまざまな側面があります。本章ではさまざまな「学力」の見方・考え方を紹介します。皆さんがつくる授業ではどのような学びを大事にするか，考えてみましょう。

 キーワード　学力の構造，学習指導要領，キー・コンピテンシー，21世紀スキル，生きる力，観点別評価，習得・活用・探究，分類体系，ガニェの学習成果の5分類，多元的知能

やってみよう
　「頭がいい人」「社会で活躍している人」「学力が高い人」。それぞれどんな人か，思いついたイメージを書き出してください。これらの違いについて，友だちと話し合ってみましょう。

「学力」に含まれるさまざまな力

　授業を実施した結果，子どもに学んだ内容がしっかり身についているかどうか，最終的に評価しなければなりません。具体的な評価方法等は第7章・8章

で触れますが，そこで測る対象が「**学力**」です。学力には測定しやすいものと測定しづらいものがあります。例えば，算数の公式を覚えているかどうか，それを用いた計算ができるかどうかは，ペーパーテストで測りやすいです。結果は点数として表れるので，そのテストができたか，できなかったかで，はっきりと把握できます。体育などの技能はどうでしょうか。基本的な技能が身についているかどうかは，実際に行わせてみてできるかどうか，つまり実技テストを用いればよいでしょう。ただ，見るポイントを決めておかないと，人によって評価が異なってしまいます。

もっとも難しいのが「態度」，つまり心のもち方を学力として扱うかどうかです。専門家によっても見解はさまざまで，学力に関する論争が続いてきました。ある人は態度を「測定できないから」学力として扱わず，テストで測れるような学力だけを対象にしました。ある人は学びたい気持ちを表す「学習意欲」を学力の中核に置き，それとともに必要な知識を育てることの重要性を指摘しました。

このような議論から私たちが学べることは，「学力」といってもさまざまな側面があることです。そして，「学力」とひとくくりに扱わず，どのような力やスキルを対象にするのかを決めてから，学力低下の問題や，学力を向上させる方法について，考えなければならないということです。

新聞やテレビで取り上げられる「学力」はどのような学力を指しているのでしょうか。あるいは学校や塾で言われる「学力向上」は，どのような学力を対象にしているのでしょうか。今の子どもに求められる学力とはどのような学力なのか，あいまいなままの学力論争は，結局不適切な教え方や評価につながりかねません。

本書では，学力をさまざまな「力」が組み合わさったものととらえます。まずは近年求められる「学力」の動向を見ていきましょう。

近年求められる学力

1──キー・コンピテンシー

授業で子どもに学んだ内容が身についているかどうかを評価する対象として，

教科等の内容に関する知識・理解が，学力の中心と考えられてきました。近年の動向として，国際機関による学力を再定義しようとする動きを見てみましょう。

　国際的な学力調査である PISA を実施している OECD（経済協力開発機構）は，これからの社会を「新しい知識・情報・技術が政治・経済・文化をはじめ社会のあらゆる領域での活動の基盤として飛躍的に重要性を増す」**知識基盤社会**だと位置づけました。その上で，加盟する12か国の間で議論した結果，以下の３つを**キー・コンピテンシー**として提唱しました（ライチェン・サルガニク，2006）。

　（a）相互作用的に道具を用いる
　　・言語・記号・テクストを相互作用的に用いる能力
　　・知識・情報を相互作用的に用いる能力
　　・テクノロジを相互作用的に用いる能力
　（b）異質な集団で交流する
　　・他者と良好な関係を築く能力
　　・協力する能力
　　・対立に対処し，解決する能力
　（c）自律的に活動する
　　・大きな展望のもとで行動する能力
　　・人生計画や個人のプロジェクトを計画し，実践する能力
　　・権利・利害・限界・ニーズを主張する能力

キー・コンピテンシーとして設定されている内容は，他者と協力しながら，知識・情報を活用し，主体的に計画・行動する力といったものであると言えるでしょう。それは，今後変動し続ける社会の中で生きていくために必要な要素として想定されたものなのです。

２──生きる力

　日本では，学習指導要領によって教育内容が規定されています。学習指導要

領がめざす学力は，およそ10年ごとに実施される指導要領の改訂を重ねる中で，少しずつ変化してきました。1998（平成10）年以降の学習指導要領では「**生きる力の育成**」が掲げられています。「生きる力」は，次の３つの力によって構成されると定義されています。

・基礎・基本を確実に身に付け，いかに社会が変化しようと，自ら課題を見つけ，自ら学び，自ら考え，主体的に判断し，行動し，よりよく問題を解決する資質や能力

・自らを律しつつ，他人とともに協調し，他人を思いやる心や感動する心などの豊かな人間性

・たくましく生きるための健康や体力

教育活動において，生きる力が具体的にどのような要素から成り立っているのかを示すものとして，**観点別評価**が，1989（平成元）年の学習指導要領の改訂から取り入れられてきました。基本的には「関心・意欲・態度」「思考・判断」「技能・表現」および「知識・理解」の４つの観点，順序で構成されてきました。情意面をはじめに配置することでその重要性を示し，考えたり，表現したりする活動を通じて確実な知識・理解に結びつけるイメージを示したのです。

ところが，2008（平成20）年の学習指導要領では，「基礎的・基本的な知識・技能」「知識・技能を活用して課題を解決するために必要な思考力・判断力・表現力等」「主体的に学習に取り組む態度」という３要素に再編成されました。すなわち，知識・技能と思考力・判断力・表現力を車の両輪として，相互に関連させながら伸ばしていくとともに，エンジンとも言える学習意欲の向上を図るという構図となったのです。もう少し，詳しく見てみましょう。

A：基礎的・基本的な知識・技能

「知識・理解」と「技能」に分けられます。「知識・理解」は，各教科の知識や重要な概念などを理解することを意味します。「技能」は，音楽や体育など身体的な技能だけでなく，算数や数学で式やグラフに表すことや，理科の観察や実験の様子を図や言葉で記録することなどが含まれます。

B：思考力・判断力・表現力等

知識・技能を活用して課題を解決するために必要な力です。社会科であれば調べたことや身につけた知識をもとに，「なぜ豊臣秀吉は全国を統一すること

表4-1　4観点と学力の3要素の関係

従来の4観点	学力の3要素
知識・理解	基礎的・基本的な知識・技能
技能・表現	
思考・判断	知識・技能を活用して課題を解決するために必要な思考力・判断力・表現力等
関心・意欲・態度	主体的に学習に取り組む態度

ができたのか」を考えたり，理科で実験結果からわかったことを論理的に説明したりすることを指します。

C：主体的に取り組む態度

　学習する内容に関心をもち，自ら課題に取り組もうとする資質や能力を指します。積極的に学ぶ姿勢があれば，他の2つである基礎的・基本的な知識・技能の習得や思考力・判断力・表現力等の育成にも当然プラスに働きます。その反対に，得意な教科では積極的に学びたくなるように，知識・技能や思考力・判断力・表現力等を身につけていることで，新しい課題にチャレンジする意欲が高まるといった相互関係があります（第10章を参照）。

　2008（平成20）年の学習指導要領では，これら3つの学力を結びつける学習形態として「習得」「活用」「探究」の3つのバランスを重視しています。つまり身につけさせたい学力の種類によって授業イメージも異なるということです。

　知識や技能は「**習得**」，つまり児童・生徒がしっかり覚えるようにきちんと教える授業を通して身につけさせます。しかし，ただ知識を与えたり，技能の練習を繰り返したりするだけでは十分に身につきません。覚えたことを「**活用**」する機会として，考えをレポートにまとめたり，討論させたりする課題を教師が示し，思考力・判断力・表現力を育てます。習得型の授業にしても，活用を重視する授業にしても，児童・生徒の学習意欲をかき立てる工夫は必要です。

　一方で「**探究**」とは，児童・生徒が自分で課題を見いだし，興味関心をもとに情報を集めたり，調査分析したりするような学習活動を指します。児童・生徒の興味関心をベースに思考力・判断力・表現力を要求する活動に取り組み，知識・技能の習得に結びつくという先ほどとは逆向きのルートになることがあ

ります。総合的な学習の時間に期待されているのはこの探究的な学びと言えるでしょう。

3 ——21世紀型スキル

シスコシステムズ，インテル，マイクロソフトがスポンサーとなり，オーストラリア，フィンランドなど6か国が参加した「21世紀型スキルの学びと評価プロジェクト」（ATC21S）によって提唱されたものが「**21世紀型スキル**」です。ATC21S は，21世紀型スキルとして4つのカテゴリーに分類される10のスキルを定義しています（グリフィンら，2014）。

(a) 思考の方法
　　・創造性とイノベーション
　　・批判的思考，問題解決，意思決定
　　・学び方の学習，メタ認知
(b) 働く方法
　　・コミュニケーション
　　・コラボレーション
(c) 働くためのツール
　　・情報リテラシー
　　・ICTリテラシー
(d) 世界の中で生きる
　　・地域とグローバルのよい市民であること（シチズンシップ）
　　・人生とキャリア発達
　　・個人の責任と社会的責任（異文化理解と異文化適応能力を含む）

これらは，キー・コンピテンシーや生きる力とも重なるものですが，協調的な問題解決に取り組む際，テクノロジを活用しながら知識を創造していくという，よりイノベーション（革新的）な側面を重視しています。オーストラリアなどいくつかの国では，これらの要素を盛り込んだ教育実践とその評価が行われており，世界中に広がりを見せています。

21世紀型スキルの提案を踏まえて、国立教育政策研究所も「21世紀型能力」を提案しています。将来的には、学習指導要領の改訂で取り入れられることも十分考えられます。キーコンピテンシー、生きる力、21世紀型スキル、いずれの学力も、時代の変化によって求められるようになったものです。世界的な動向も踏まえつつ、学力として児童・生徒に何を身につけさせていくのかを考えていくことがこれからの教師には求められているのです。

ブルームのタキソノミーとガニェの学習成果の5分類

これまでキー・コンピテンシーや21世紀型スキルなどさまざまな学力のとらえ方を確認してきました。授業を設計・実践するにあたっては、第3章で述べたように、具体的な学習目標を設定します。

アメリカの心理学者、ブルーム（Bloom, B.）は、さまざまな試験問題を収集・分類整理した上で、教育活動を通じて追求する学習目標を、**認知的領域、情意的領域、精神運動的領域**の3つに分類しました（梶田、2010）。すなわち、「あたま・こころ・からだ」です。さらに、それぞれに対して図4-1に示すようなレベル分けを提案し、学習目標の**分類体系（タキソノミー）**をつくり上げました。認知的領域だけを見ても、知識を単に記憶することから、中身を理解すること、応用すること……と階層的に分けられていることが読み取れます。このように学力をいくつかの領域に分けるアプローチは、表4-1で示した観点別評価をはじめ、日本の教育にも大きな影響を与えました。

ブルームのタキソノミーを拡張したのが、**R. ガニェの学習成果の5分類**です。ガニェは、「学習成果（Learning Outcome）」と表現しましたが、本書では第3章で用いた「学習目標」と表記します。ガニェの5分類を取り上げるのには、3つの理由があります。第1に、ガニェの5分類は学習心理学の成果に基づいたものであり、さまざまな教科や教科以外の学習にも応用できる懐の深さをもっていることです。

第2に、次章で取り上げる教材研究の方法や、第6章の指導方法、第7章・8章の評価の方法まで、授業を組み立てるために必要なすべての要素がこの5

評 価 Evaluation		
統 合 Synthesis	個性化 Characterization	自然化 Naturalization
分 析 Analysis	組織化 Organization	分節化 Articulation
応 用 Application	価値づけ Valuing	精密化 Precision
理 解 Comprehension	反 応 Responding	巧妙化 Manipulation
知 識 Knowledge	受け入れ Receiving	模 倣 Imitation
認知的領域	情意的領域	精神運動的領域

図4-1　ブルームのタキソノミー

分類と対応づけられています。第3章では，学習目標を明確にすることの重要性を指摘しましたが，学習目標を5分類に分けて考えることで自動的に適切な教え方や評価の仕方が決まってくることが最大のメリットと言えるでしょう。

　第3の理由は，2008（平成20）年の学習指導要領との相性のよさです。前節において学習指導要領の改訂に伴い，4観点から3要素に置き換わったことを紹介しました。ところが実際には，知識を「覚える」学習と，技能を「身につける」学習では，授業の仕方も評価の仕方も違います。思考力・判断力・表現力等についても，与えられた課題に取り組む「活用」型と，自分で問題を発見する「探究」をめざす学習では授業イメージが異なることは前述した通りです。ガニェの5分類は，このような実際の授業を設計する上では区別した方がよい点を浮かび上がらせてくれます。表4-2に5分類と3要素の対応関係を示しておきます。

　ここでは5分類を紹介する最初のステップとして，具体例とともに，学習者の観察可能な行動（**目標行動**）の例を紹介します（表4-3）。学習目標を5分類で考えると，目標をどのように記述すればよいのかが明確になります。

表4-2　ガニェの5分類と学力の3要素の関係

ガニェの5分類	学習指導要領の学力の3要素
言語情報　：物事・名称を記憶する	基礎的・基本的な知識・技能
運動技能　：体を動かして身につける	
知的技能　：ルールを理解し活用する	思考力・判断力・表現力等
認知的方略：学び方を工夫する	
態　度　　：気持ちを方向づける	主体的に学習に取り組む態度

表4-3　学習目標と目標行動の関係（鈴木，2002；ガニェら，2007をもとにまとめたもの）

	学習目標	具体例	目標行動
言語情報	名称や単語などの指定されたものを覚える	人の体に関する英単語を書き出すことができる	言う，書く
運動技能	体の一部や全体を使う動作や行動	なわとびで2重跳びを5回以上連続でできる	行う，実演する
知的技能	ルールや原理，概念を理解して新しい問題に適用する	前置詞の後に置く代名詞の例を複数挙げることができる	区別する，選ぶ，分類する，例を挙げる，つくりだす
認知的方略	学び方や考え方を意識して工夫・改善する	教科書を自分なりに工夫してノートにまとめることができる	採用する
態度	個人の選択や行動を方向づける気持ち	地球に優しい生活を心がけようとする	選ぶ，～しようとする，～しないようにする

4　多様な学力観のもとで授業をつくる

　最後にもうひとつ，学力に対する新しいアプローチとして脳についての研究をベースにした**多元的知能**（ガードナー，2003）を紹介します。ガードナーは，事故などで脳が損傷した際，空間認知だけができなくなるといった部分的な機能の低下が起きたり，小さな子どもが音楽や計算能力で驚異的な発達をしたりする現象をもとに，以下に示す8つの知能を見いだしました。どの知性がどの教科と関連するかを見たり，子どもたちの個性を捉えたり，それぞれに適した指導法などを考えたりすることができます。

①言語的知性：言葉を使って心にあるものを表現し，他者を理解する能力

②論理・数学的知性：数量を操作し，法則を論理的に理解する能力

③音楽的知性：音楽からパターンを認識し，巧みに表現する能力

④空間的知性：心の中に位置や形の空間的世界を再現する能力

⑤運動感覚的知性：からだの一部や全体を使って表現・問題解決する能力

⑥対人的知性：他の人を理解し，関わり合うための能力

⑦内省的知性：自分に何ができるか，何をしたいかなど自身を理解する能力

⑧博物学的知性：身の回りにある物の特徴に気づき，識別する能力

　本章では，学力は時代の要請によって変化するものであることや，さまざまな分類の体系があることを紹介してきました。学力をペーパーテストの出来不出来だけで判断することは果たして適切なことなのでしょうか。何十年も前の学力と今の学力を単純に比較することはできるのでしょうか。社会でどう役立つかを考えない学力観でつくられた授業が，子どもたちが将来の社会を生き抜いていく助けにはならないでしょう。子どもたちを狭い範囲の学力という色眼鏡でしか見ないのであれば，一人ひとりが持つ豊かな可能性の芽を見過ごしたり，つぶしてしまうかもしれません。学習目標をどう設定し，どのように評価しようとするのかに，教師としての学力観が問われているのです。

1. 次の学習目標は，ガニェの5分類のどれに対応するでしょうか。
 (a) 二次方程式を解の公式を使って解くことができる
 (b) 星座早見盤を使って夜空の星から星座を見つけ出すことができる
 (c) サッカーの練習メニューを自分で改善することができる
 (d) 宮澤賢治の作品を数多く読んでみようとする
 (e) 食品の五大栄養素を言うことができる
2. 自分が希望（あるいは担当）する学校種の教科書を見ながら，学力の3要素別に学習目標を箇条書きしてみましょう。そして，実際の学習指導要領と照らし合わせてみて，その相違点を比較しましょう。

・・・・・・・・・・・・さらに深めるには？・・・・・・・・・・・・
R. J. マルザーノ，J. S. ケンドール／黒山晴夫・泰山裕（訳）（2013） 教育目標をデザインする―授業設計のための新しい分類体系― 北大路書房
ブルームの教育目標の分類体系を発展させたものであり，カリキュラムデザインも含めて一貫した体系が示されています。

授業パッケージ講座　その１：授業企画書をつくろう！

　このコーナーでは，大学の教職課程の講義を想定した「授業パッケージ」制作用のワークシートを掲載します。

　授業づくりの最初の一歩は目標を明確にすることです。第３章から４章までを読んで，どんな授業にするか企画書を作成してみましょう。以下はそのサンプルです。巻末に同じ形式の制作シート①があります。企画書の発表会を開くための交流シート①とあわせてご活用ください。

授業パッケージ制作シート①授業企画書

氏名：学院太郎

１．授業テーマ：「３人の武将と全国統一」

２．学習者

> 授業を受ける人の年齢，人数など

　○△小学校６年生（男子 18 名，女子 10 名）

３．テーマの選択理由

> なぜこのテーマで授業をするのか？

　現在，塾でアルバイトをしており，６年生のクラスをもっています。私自身，歴史に興味があるのでレポートの提出時期を考えてこのテーマにしました。

４．学習目標

> 学習者目線で書き，ガニェの学習成果の５分類を記入

・織田信長・豊臣秀吉・徳川家康の名前と主な取り組みを結びつけて書くことができる（言語情報）

・３人の武将の取り組みを比べ，違いを説明することができる（知的技能）

・資料から信長の戦い方などを読み取ることができる（認知的方略）

５．前提条件

・戦国時代がどのような時代だったのか知っている

・代表的な武将の名前を言うことができる

第5章 何を教えるのか？
～教材研究の方法～

授業をつくるには，時間内に何をどこまで教えるのか，教える範囲を明確にした上で，その中身を十分理解しておく必要があります。本章では，「何を」教えればよいのかを明らかにする教材研究の方法として，学習目標の分類に応じて学習目標を構成する要素と，それらの関係を明らかにする「課題分析」を紹介します。

キーワード　教材研究，課題分析，クラスター分析，手順分析，階層分析

やってみよう

あなたが作成している授業パッケージの学習目標について，それを学ぶために必要なことや，関連する事柄を付せん紙に書き出してみましょう。思いつく限りできるだけたくさん書いてください。他の人に付せん紙を渡して，アイデアを広げてもらってもよいでしょう。

◆　◆　◆

1 教材の構造を明確にする

授業づくりにおいて，教科書や指導書，関連する資料などを読み込んで教材に対する理解を深めたり，視野を広げたり，教材の価値判断などを行うことを**教材研究**と呼びます。教材を理解することなしに授業をつくることはできませ

ん。ただし，自身が教材を理解したということと，それを人に教えることは違います。教材に対する理解を深めた上で，それを人に伝えることができるように，教材の構造を明確にすることをめざしてください。本書では，教材研究の方法として「**課題分析**」に取り組みます。課題分析を行うことで，授業で「何を」「どこまで」教えればよいのかが明らかになります。

　教師はともすると，一時間の授業に多くの内容を盛り込みすぎてしまう場合があります。内容をたくさん詰め込みすぎても，学習者は消化不良を起こすだけです。過不足のない適切な量を考えて，教材の範囲を検討します。量の面からだけでなく，授業内容が発散しないように，何が必要で，何が必要でないか，学習目標との関係を考慮します。さらに，学習者がある内容を知っていないと次の内容が理解できないといった，教材の順序性に配慮が必要な場合もあります。

　ID では課題分析を明確に行うための手法が提案されています。授業で「何を」教えればよいのかを考えるスタート地点は学習目標です。課題分析では，学習目標を達成するために必要な要素とその関係を洗い出すことによって，教材の中身を明らかにしていきます。第3章では授業の出入口を明確にする方法（責任範囲）を説明してきましたが，課題分析は入口（前提条件）から出口（学習目標）に到達するまでに，何をクリアしなければいけないかを洗い出すことになります。

　一時間の授業で学習者はそれほど多くのことを一度に学ぶことはできません。何時間かの授業のまとまりである**単元**の単位で課題分析を行った方が現実的です。さらに言えば，課題分析の考え方は，単元だけではなく，**年間計画**を考える際にも有効です。年間計画は一般的に，月ごとに時系列で単元名が並べられた形で整理されます。教科は複数の単元の集合ですから，単元間の学習目標の関係を課題分析図で表現することで，一年間で子どもたちがどんな力を身につけていくのかを見通せるようになります。教科ごとの年間計画を比べてみると，例えば小学校では社会科で調べた内容を，国語の新聞の書き方を活かしてまとめるといった，教科間のつながりをつけられる場合もあります。教科の壁を超えて単元をつないでいくと，年間計画がぐっと立体的になってきます。

第5章　何を教えるのか？〜教材研究の方法〜 —— 53

② 課題分析の進め方

　課題分析のゴールは，**課題分析図**と呼ばれる学習内容の関係を表した図を作成することです。課題分析図には，授業で教える内容と，それらの関係の両方が描かれます。実際には，教える内容を書き出しながら同時に，それぞれの関係を考えて作図をするのはなかなか大変です。そこで，次のような手順で進めていきましょう。

　まずはじめに，大きめの紙と付せん紙を準備します。学習内容を一つひとつ付せん紙に書き出します。次に，近いものをまとめたり，階層を考えたりしながら配列し，最後に要素間を線を書いてつないでいきます。アイデアを広げてから整理するのがコツです。何時間かにわたる単元の課題分析をする場合，授業ごとに付せん紙を枠で囲みます。なお，紙を使わずに，パワーポイントなどのプレゼンテーションソフトや，ワープロソフトの作図機能でやると，紙とペンほど自由には描けませんが，図を修正したり，保存しておくには便利です。

　この作業は，教材への深い理解が要求されます。ID では，授業を設計するエキスパート（インストラクショナルデザイナー）と教材を深く理解しているエキスパート（内容の専門家）が協力し合いながら作業を進めることが重要とされます。教師は，この両方を兼ね備えることが求められますが，教材を深く理解していない場合は，よく知っている人と一緒に作業することで，作業が円滑に進み，かつ自分でも理解が深まります。例えば学年で同じ授業を行う先生や，同じ教科を担当している先生と共同で行うことが考えられます。

　課題分析を進めていく際，教師用の指導書に載っている単元計画や指導案，教科書の目次や見出し，太字部分などは，役に立つ情報ですが，もっとも重要なのは学習指導要領です。教科書や指導書が常に目の前の子どもたちの実態に合っているとは限りません。教科書をよりよく活用するためには，学習指導要領のねらいを確認した上で，まずは自分で課題分析をしてみましょう。教材を分析的に見ていく目が身につくと，より深く教材を活用できるようになります。

課題分析図を描く

　それでは具体的に課題分析図の描き方を見ていくことにしましょう。第4章で紹介したガニェの5分類に応じて，異なる課題分析の手法が提案されています。言語情報はクラスター分析，運動技能は手順分析，知的技能と認知的方略は階層分析，態度はそれらを複合した分析方法をとります。順番に各手法を紹介していきます。

1 ── クラスター分析：言語情報の課題分析

　言語情報は，暗記したものを再生するような学習目標です。その構造は基本的に覚えるべき項目のリストとなります。単に並べるだけでなく，効率よく覚えられるように，関連のあるものを一緒にしたり，紛らわしいものを区別したりするとよいと言われています。学習目標を達成するために覚えるべき項目を洗い出し，それを相互の関連性によって，かたまりに分けていく分析手法を**クラスター分析**と呼びます。クラスターとはブドウなどの房という意味で，一番上（茎の部分に相当）に学習目標がきて，学習目標を達成するために覚えるべき項目が，かたまりごと（房の部分に相当）に分かれてぶらさがっているイメージとなります。

　図5-1は「明治維新にかかわる主要な人物と彼らの取り組みについて説明できる」という小学校6年社会科に関する学習目標をクラスター分析した結果です。言語情報は，用語や概念を覚え，説明できるようにする課題ですが，一つひとつ覚えていたのではキリがありませんし，機械的に覚えたものはテストが終わると忘れてしまいます。用語もまとまりをつけて覚えることが望まれます。ここでは，小学校の歴史は人物中心で学習することから，代表的な人物を取り上げ，出身の藩と主な取り組みを記載してみました。ただし，大久保利通と西郷隆盛がもとは親友関係にありながらも西南戦争で争ったことなど，抜けている情報はいくつもあります。関連するところを結びつけたり，情報を足したりしながら，「どこまで教えるか」を明確にしていきます。なお，社会科の学習内容は言語情報で表していくと「暗記科目」だとイメージされるかもしれ

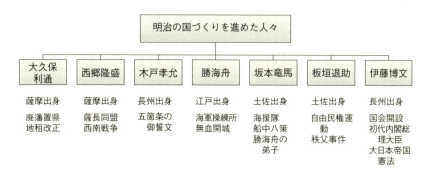

図 5-1　クラスター分析の例:「明治の国づくりを進めた人々」の課題分析図

ません。教師がまとめて教えるのではなく，子どもたちが教科書や資料を読み解きながら情報の結びつきを見つけだし，歴史的な事象を多面的に考察していくような授業であれば，言語情報以外にも，情報の調べ方や整理の仕方といった認知的方略の学習も含まれることになります。

2──手順分析：運動技能の課題分析

　体育や家庭科，芸術科目，そろばんなど，**体を動かしてできるようになる課題**が**運動技能**です。**手順分析**を用いて，どのような手順で実行していくのかを検討します。まず何をして次に何をするかのステップをひとつずつ順番に，左から右に列挙していきます。それらのステップは，運動として（筋肉を使って）何かを行うこともあれば，頭の中で考えることもあります。それぞれのステップを支える下位目標があるかどうかを確認します。

　図5-2に，「肉じゃがを作ることができる」という学習目標の手順分析を示します。まず，下ごしらえをして，材料を炒め，だし汁を加えて，あくを取り，調味して煮るというように，肉じゃがを作るステップを描きます。下ごしらえをするステップに着目すると，下ごしらえの仕方は，肉じゃがに入れる食材によって異なります。そのため，使う食材に応じて適切な切り方をするための下位目標が必要です（図5-2の場合だと，じゃがいもについてのみ書かれています）。このようにステップを支える下位目標を，すべてのステップについて同様に検討します。

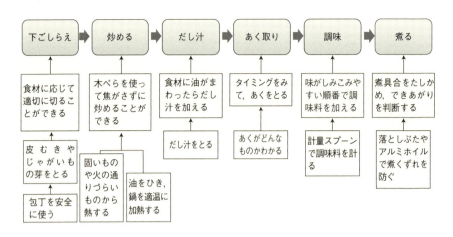

図5-2　手順分析の例:「肉じゃがを作ることができる」の課題分析図

　運動技能の学習は，列挙したステップを順番に（左から右に）行っていきます。ステップに下位目標がある場合，個々の部分的なスキルができるように別々に練習したあとで，全体を通して練習することもあります。

3──階層分析：知的技能・認知的方略の課題分析

　算数の計算や理科の法則など，**一度学んだルールを他の問題に適用できるような学習目標**を知的技能と呼びます。課題分析は，**階層分析**の手法を用います。教科の学習では言語情報のように覚えるだけでなく，他の練習問題に適用できる学習が含まれることがむしろ一般的です。したがって階層分析は課題分析の基本形と言ってもよいでしょう。

　階層分析では，学習目標を達成するためにどのような基礎的な目標があり，それらがどのようにつながっているのかを明らかにします。クラスター分析は要素を横（平行）に並べましたが，階層分析は，縦に積み上げることが特徴です。図5-3は,「月の満ち欠けの原理について説明できる」を学習目標とした階層分析の結果です。「月の形から太陽・月の位置関係を説明できる」には,「月と太陽との関係」や,「月の位置や移動」を説明できることが必要です。さらに基礎的な目標には,「月は太陽の光を反射して光っている」などがあります。

上から下に向かって徐々に簡単な目標が登場してくることになり，前提条件が示された時点で分析は終了です。

階層分析は，もっとも上位にある目標から，その目標に必要となる，より下位の目標を検討しながら進めます。下から上に進む方がやりやすいと感じる人もいるかもしれませんが，ゴールに向かって授業は収束させるべきですから，もっとも上位の目標から下に分析を進めていく方が，目標からのブレがなくなります。反対に，学習者は，下から上に学んでいきます。下位目標が上位目標の前提となっているため，前提を満たさずに目標を達成しようとするには無理があるからです。なお，階層分析では，授業で学ぶ範囲と前提条件の区別を明確にするために，間に点線を引いたり，「前提条件」という言葉を隣に付記しておくとよいでしょう。

同様に，階層分析を用いる学習目標に認知的方略があります。認知的方略とは，**新たな学習に取り組むためのコツ**のことです。調べ方，質問の仕方，仮説立て方，学び方のコツを身につけておくことは，自分で新たな学習を進めていくための強力な助っ人になります。また，自分が何を理解し，何がわからない

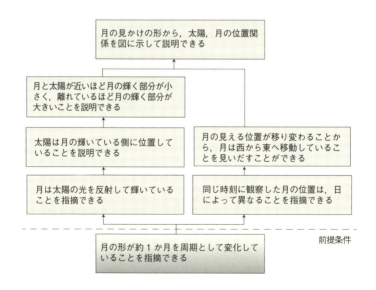

図5-3　階層分析の例（知能技能）：「月の満ち欠け」の課題分析図

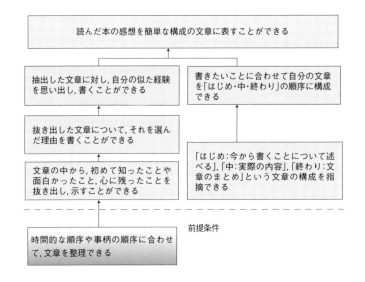

図5-4　階層分析の例（認知的方略）:「読んだ本の感想文を書くことができる」の課題分析図

のか，自分がどのようにその問題を解決しようとしているのかを自覚すること（**メタ認知**：稲垣・波多野，1989）も，学び方を意識するための認知的方略のひとつです。先ほど，言語情報の分析の例で社会科は暗記科目ではないという話をしました。社会科の授業では，さまざまな資料を探したり，見つけた資料から情報を読み取る力も大切です。理科であれば，実験の内容だけでなく，実験計画の立て方を学ぶことも大切です。認知的方略は，こうした学び方に関する学習目標です。

　認知的方略の課題分析は，知的技能と同様です。下位目標には，より基礎的な認知的方略が配置されます。図5-4に「読んだ本の感想文を書くことができる」という認知的方略の例を示します。まず，感想文を書くといってもどのような目標なのかがあいまいなので，目標を明確にします。そして，その方略を採用するために必要となる下位目標を知的技能と同じように検討しています。

4──態度の課題分析手法

　環境保全に役立つことを実践する，いじめをしない，といった**自分の行動を**

方向づける気持ちが態度です。態度の課題分析は，他の学習目標と比べて確立した方法がありません。何かを達成すれば気持ちが変わるという単純なものではないからです。それでも考え方のヒントは提案されています。態度の学習目標は，「ある場面において望ましい行動を選択するかどうか」で，身についているかどうか判断できます。望ましい行動を「しようとするかどうか」と，「実行できるかどうか」を想定して，下位目標を特に次の2つの視点から検討します。

・その態度を選択する意味や理由は何か（行動の意義）
・その態度を行動に表すときに何ができる必要があるか（態度表明の技能）

図5-5に心停止状態の人に対してAED（自動体外式除細動器）を利用しようとするという態度の学習成果の分析例を示します。AEDの必要性を知るだけでなく，必要なときに利用しようとする気持ちを学ぶことを含むので，態度の学習です。態度の学習順序は，態度を支える下位目標を先に学習し，積み上げていきます。まず，もしAEDが必要な人がいた場合，「利用してください」という単なる注意喚起だけでは，効果は期待できません。応急手当の方法やAEDの位置づけ（内容の知識）を伝え，どんな場面で利用するのかを紹介し（場面の知識），その行動がなぜ求められているのか，最終的にどうなるのか（結末の予想）の知識を深めることで行動の意義が納得できるかもしれません。また，AED設置の進展は時代の要請であることや他の人たちがAEDを利用して尊い命を救った例（他者の態度についての知識）を伝えることも効果があり

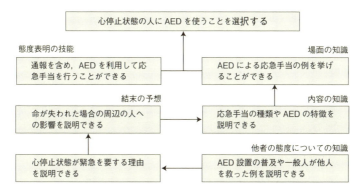

図5-5　態度の課題分析の例：「AEDの利用を選択する」の課題分析図

ます。
　一方で，意義を納得させることとあわせて，実際に行動に移すにはどうしたらよいのか（態度表明の技能）を伝える必要もあります。例えば，まず通報を行ってからAEDを利用するという手順や，AEDの操作法という運動技能の目標などがあるでしょう。
　学習指導要領の「関心・意欲・態度」と，ここで取り上げた「態度」は少し異なる点があります。ここでの「態度」は，具体的な知識や技能をもって，問題を解決したり，問題を起こさないようにする気持ちのことです。一方，「関心・意欲・態度」には，学習内容に対する「関心」や活動を続ける「意欲」が含まれます。IDの立場からは「関心」や「意欲」は，目標とせず，授業をうまく進める方策として扱います。詳しくは第10章で学習意欲を高める方法として紹介します。

出入口の再チェック

　課題分析図を作成したら，出入口＝学習目標と前提条件の視点から再チェックをしましょう。まず，出口である学習目標から見ていきましょう。他の要素とのつながりがあいまいな余計な項目はないでしょうか。あるいは目標を達成する上で，不足している項目はないでしょうか。さらに，第3章で紹介した前提・事前・事後テストと課題分析図とを見比べてみると，テストでカバーしていない内容を見つけたり，課題分析図に記載していないことをテストしていることに気づくことがあります。目標と評価の整合性の確認にも，課題分析図は役に立ちます。
　次に前提条件を見直します。前提条件には，**必須前提条件**と**補助的前提条件**があると言われています（ガニェら，2007）。必須前提条件はそれを満たさないと目標が達成できないもの，補助的前提条件は満たす必要はありませんが，学習の助けになるものです。必須前提条件を優先的に残すようにしましょう。
　なお，単元レベルで課題分析を行う場合，単元の目標は複数あることが一般的です。知識として身につけさせたい言語情報に関する学習目標と，法則を理

解し，適用できるようにさせたい知的技能の学習目標があれば，それぞれ作成します。運動技能や態度のように，下位に言語情報や知的技能の目標が含まれる場合には，図中の項目に「言」「知」など，種類を表す最初の一文字を付記しておきます。複数の学習成果の組み合わせを描く，「教授カリキュラムマップ」（ガニェら，2007；ディックら，2004）という手法もあります。

5　授業の無理・無駄をなくす

　課題分析は，内容を詳しく知っていればいるほど，行うべき授業の構成要素がすぐに浮かんできて，図に描く必要を感じられないかもしれません。その一方で学習者は，課題分析図に描かれた内容を，地図も持たずに一つひとつ覚え，理解し，身につけていくことになります。学習者が何をどこまで理解しているのかをしっかり把握する手がかりが課題分析図です。場合によっては，課題分析図を学習者に提示して，自分がどこにいるかを把握させ，自らが学習順序を考える機会をつくることもできます。自分の学びを見つめ，改善する認知的方略を育てる教材に課題分析図を使うこともできるのです。

　課題分析図を厳密に描くには，多くの時間と労力を必要とします。うまい課題分析図が一度で描けることはまずありません。一時間の授業でどこまで教えられるのかは，教師の力量にも，学習者の実態にも左右されます。授業の流れを考えながら，しっくりこない要素や線がないか検討します。何か思いついたら再び描く作業に戻ってくればよいのです。

　課題分析は学習内容の無駄を省くことができますし，無理な飛躍を防ぐこともできます。教材への理解も深まります。課題分析を授業づくりにぜひ取り入れてみてください。きっと授業の無理・無駄を明らかにする改善点が見つかることでしょう。

章末問題

1. 次の課題分析図はどのような学習目標の分析に使えるでしょうか？
   (a) 階層分析
   (b) クラスター分析
   (c) 手順分析
   (d) 関連する知識と技能を洗い出す
2. 「三角形の面積を求めることができる」を目標に課題分析をしてみましょう。前提条件が，「辺や直角などに囲まれたものが四角形として認識できる」になるまで分析してください。

・・・・・・・・・・・・さらに深めるには？・・・・・・・・・

赤堀侃司（2006）授業の基礎としてのインストラクショナルデザイン（改訂版）
　　日本視聴覚教育協会
通常の授業からeラーニングまで幅広くインストラクショナルデザインの考え方を紹介したテキスト。第3章「目標の設定」に課題分析として，さまざまな構造化の技法が紹介されている。

授業パッケージ講座　その２：課題分析にチャレンジ！

　学習目標をより具体的にするために，教える内容を明らかにする課題分析の方法を第５章で学びました。制作シート①の企画書のアイデアをもとに，課題分析図を実際に描いてみましょう。制作シート②を使います。

授業パッケージ制作シート②課題分析

氏名：学院太郎

１．授業テーマ：「植物のからだのつくりとはたらき」

２．学習目標　〔企画書の目標〕

学習目標	学習目標の分類
・顕微鏡を使って植物の気孔を観察することができる	運動技能
・植物が水や空気を取り入れていることを理解する	知的技能

３．課題分析図　〔目標に応じた課題分析〕

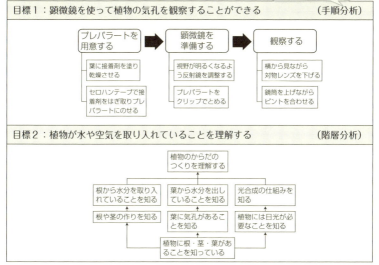

どう教えるのか？
～学習指導案の書き方～

授業を通して伝えたいこと，できるようになってほしいこと，考えてもらいたいことはたくさんあります。本章では，教えたいことを単元計画に展開した上で，一時間の授業の「青写真」である学習指導案の書き方を取り上げます。

単元計画，導入，展開，まとめ，ガニェの9教授事象，情報提示，学習活動，チャンク，指導方略，学習指導案

やってみよう

教科，単元を決めてインターネットで学習指導案を探してみましょう。同じ単元でも書き方や指導過程にどのような違いがあるか，どのような書き方だと授業者の思いがよく伝わるか，話し合ってみましょう。

 単元計画を組み立てる

　　45分，50分といった一時間の授業でできることは限られています。国語の授業なら，教材文を読んで新出漢字を確かめるだけで一時間が終わってしまうこともありますし，歴史の授業をするのに江戸時代を一時間で説明するのは現実的ではありません。前章で紹介した通り，一般的に授業は何時間かの授業を

つなぎ合わせた単元から構成されています。教科書で言うとひとつの「章」に相当します。つまり，一時間の授業は必ずどこかの教科，単元に位置づけられています。日本の教科書は文部科学省による検定制度で内容が保証されていますが，その判断基準になるのが学習指導要領です。学習指導要領に基づいてつくられた教科書をもとに，1年間のいつに，どの単元をするのか考えていきます。

　実際には，**単元計画**をゼロからつくることはあまりありません。教科書の解説資料である教師用指導書には，単元ごとの目安となる授業時間数や，単元計画，年間計画が例示されています。もちろん，その通りにすべてやるのではなく，子どもの実態（興味関心や既有の知識・技能の程度）や，研究授業であれば提案したいテーマに合わせて時間数を増やして丁寧にやる場面をつくったり，流れを入れ替えたり，新たな授業場面をつくることもあります。

　表6-1は単元計画の例です。ひとつの単元が「第1次」「第2次」といったかたまりから構成され，さらに「2時間」「4時間」といった割り当て時間があることがわかります。前章で作成した課題分析図は，この単元あたりの図だったり，第1次のようなブロック単位の場合もあります。いずれにしても，一時間で課題分析図の内容すべてをカバーするというよりも，課題分析図ひとまとまりの学習に何時間程度かかる（かけられる）のかを検討し，見通しをもちます。

表6-1　単元計画の例「明かりをつけよう」（小学校理科：8時間の一部）

次	学習活動	教師の支援・留意点
第1次 2時間	豆電球に明かりをつけよう ○豆電球，乾電池，導線のつなぎ方を調べる ○豆電球の明かりがつくつなぎ方をまとめる	○さまざまなつなぎ方を取り上げ，どのようなつなぎ方をすると明かりがつくのか条件を見つけさせる
第2次 4時間	電気を通すものと通さないもの ○さまざまなものをつないで電気を通すか試してみよう	○材料に着目させて電気が通るものと通らないものを区別させる

*　http://www.saitama-city.ed.jp/03siryo/sidouan/e/e_rika.html を改編

授業の組み立ての基礎：導入・展開・まとめ

　いよいよ一時間の授業展開の検討に入ります。授業の目的は，教師が教えたいことを学習者が身につけられるよう手助けをすることです。第3章や第4章で考えたように，授業はまず目標（ねらい）を教師がしっかりもつことがスタート地点です。ただし，その意味するところは「教師が目標からそれないで授業をする」ことではなく，「子どもたちが学習目標に到達できる」ために教師ができることを考えるということです。

　具体的にイメージしてみましょう。チャイムが鳴ります。あなた（先生）は教室に入ります。教壇に立って，さてどうしましょうか。いきなり板書を始めたり，新しい内容を話し始めても，子どもたちはチンプンカンプンでしょう。今日の授業はどんなことをするのか，前回までにどこまで進んだのか，まずは子どもたちがこの一時間で何をするのかを示します。この部分を授業の「**導入**」と呼びます。

　導入が終わったところでいよいよ授業の本題です。教科書を読む，図や資料を見せる，質問を投げかける，子どもに説明をさせる，あるいはグループで話し合うなど，さまざまな活動が考えられます。この，授業の核と言える部分を「**展開**」と呼びます。第5章で行った課題分析を手がかりに子どもたちの学びのステップを積み上げていく場面です。

　終わり方はどうしましょうか。さまざまな活動のあとでは，その一時間に何を学べたのか確認しておきたいものです。板書中心の授業でも，ポイントを再度まとめておくことで頭が整理されます。次の時間に向けて準備物や復習や宿題の指示をすることもあるでしょう。一般的に授業の終盤の場面を「**まとめ**（あるいは**終末**）」と呼んでいます。

　一時間の授業はこの「導入」「展開」「まとめ」の3段階でとらえられます。では，それぞれでどんなことを教師はしたらよいでしょうか。学習心理学の知見をもとに開発されたID理論を見てみましょう。

③ ガニェの9教授事象〜学びを支援する外的条件を整える〜

　ガニェは，授業や教材を構成する過程を「**学びを支援するための外側からの働きかけ（外的条件）**」という視点でとらえました。「外側」というのは，学習する本人に対する外からの，という意味です。学習心理学では，子どもたちが新しい知識や技能を身につけていくプロセスを説明する学習モデルが提供されています。このモデルをベースに，教材を準備し，説明を工夫し，活動場面を設けていくと，効果のある授業をつくることができると考えたのです。一方で，これまでに実践されてきた優れた授業や教材に対しても，学習モデルの観点から分析すると，どんな点が優れているのか理由がわかってきます。こうして学習についての理論と実際の教育実践の両面から，授業構成を分析した結果，ガニェは9種類の教師の働きかけ（**9教授事象**）に分類できるという結論に至ったのです（表6-2）。

1 ── 導入

　それではガニェの9教授事象を導入・展開・まとめの中に位置づけて確かめていきましょう。まず導入では，新しい学習への準備を整えます。「1．学習者の注意を喚起する」「2．学習目標を知らせる」「3．前提条件を確認する」があてはまります。

表6-2　ガニェの9教授事象

導入	1．学習者の注意を喚起する
	2．学習目標を知らせる
	3．前提条件を確認する
展開	4．新しい事項を提示する
	5．学習の指針を与える
	6．練習の機会を設ける
	7．フィードバックをする
まとめ	8．学習の成果を評価する
	9．保持と転移を高める

導入の役割は，子どもたちに教師からの働きかけが届くように，ラジオで言えば周波数を合わせることです。ここで授業や教材の世界に入り込めれば，「1. 学習者の注意を喚起する」は成功です。授業のはじめ，学習者が落ち着かなかったり，友だちとの話に夢中だったりしたら，皆さんはどうしますか？　どうやって注意を向けてもらいますか？

　周波数が合ったら，学習目標を示し，この授業を通して何ができるようになるかを具体的に知らせましょう（2. 学習目標を知らせる）。これにより学習に対する期待感をもたせます。何をめざしてよいのかもわからずに授業が進む，そんなミステリーツアーは避けたいものです。授業によっては「戦国武将について調べよう」のように，学習目標ではない，その時間に取り組む活動内容（めあて）を示すこともあります。目標がそのまま学習の答えになってしまう場合に使われますが，教師は活動のめあてを示しつつも，頭の中では明確な学習目標をもっておくべきです。

　もうひとつ導入でするべきことは，すでに学習している知識やこれまでの経験を思い出して使える状態にする「3. 前提条件を確認する」です。前提条件を確認したり，整えたりするために，前の時間に学習したことを復習したり，授業に関係する内容の復習をします。これから新しく学ぶ内容を，これまでの知識や経験，技能に結びつけやすくするのです。

2──展開〜情報提示と学習活動〜

　展開の部分では，ガニェによると，学習者が各自の記憶に新しい事柄を組み込む作業と，新しく組み込まれた知識や技能を引き出す道筋をつけるという大きな2つの作業があります。

　新しい情報を示す部分を**情報提示**と言います。新しい事柄を組み込むには，導入で確かめた既習事項との違いや関連性を際立たせながら「4. 新しい事項を提示する」ことが効果的です。また，新しい内容をただ示すだけでなく，意味のある形で覚えられるような助言を行います（5. 学習の指針を与える）。単に覚えるのではなく，なぜそうなるのか，どのような場面で使えるのかを納得することにより，長く記憶できるのです。脳の中に蓄積される記憶は，事柄と意味が結びついたネットワークの形をもっており，その網の目のつながりを

多くするほど長く記憶できるというモデルに基づいています。

　次に，新しく学んだ事項を長期記憶にしまうため，あるいは，しまわれたかどうかを確かめるために，子どもたちが知識や技能を使ってみる機会（**学習活動**）を準備します。「6．練習の機会を設ける」です。教材を見たり，教師の話を聞いただけでは，本当に学べたかどうかわかりません。自分でやってみることでどの程度，身についたかが確かめられるのです。子どもの取り組みの様子や発言，発表に適切にコメントする（7．**フィードバックをする**）ことで，徐々に理解を確実なものにしていきます。子どもたちは失敗から学ぶことも多いものです。学習活動では，安心して失敗できる環境がとても大切です。

3──**まとめ**

8、「分かったかナ？」
9、「今度使ってミヨウ！」

　授業の締めくくりは「まとめ」です。ガニェの9教授事象では，「8．学習の成果を評価する」「9．保持と転移を高める」が相当します。

　「8．学習の成果を評価する」を実施する上で，もっとも直接的な方法はテストをすることです。ガニェは，評価と練習を区別することを強調しています。練習は失敗から学ぶための場であり，評価は成果を試すためのものです。もっとも授業時間内にテストまでする時間がとれないこともあります。そのような場合でも今日はどんなことを学んだのか，導入で示した学習目標に立ち返って確認する場面を設定するとよいでしょう。

　「9．保持と転移を高める」では，学習の成果をノートにまとめたり，復習の機会をつくることで，学習の成果を長持ちさせる（**保持**）ことができます。宿題として「家で関連あることについて調べてみましょう」のように，他の場面や学習に応用が利くようにする（**転移**）ことも，その日一時間の授業の中だけでしか通用しない学びにしないためには大切な働きかけです。

4──**学習目標に応じた指導方略**

　さて，ここまでで授業の基本的な構成はつかめたと思います。さらに授業の展開部分を掘り下げていきましょう。展開で紹介した9教授事象の4から7にあたる情報提示と学習活動のひとかたまりを**チャンク**と言います。教科にもよりますが，一時間の授業は2〜3つのチャンクから構成されています。情報提

第6章　どう教えるのか？〜学習指導案の書き方〜　71

示ばかりが同じように続くと眠くなりますし，一度にたくさんのことは覚えられません。提示と学習活動を上手に組み合わせるとよいでしょう。ミラー (1972) は，人間が一度に記憶できる量（短期記憶の大きさ）は 7 ± 2 だと実験や調査から示しています。子どもたちが教えたことを確実に理解し，活用できるように，欲張らない授業を計画しましょう。

　チャンクの分け方を決める材料になるのが，第5章で取り上げた課題分析図です。ねらいごとに別々の図を作成したのであれば，その一つひとつがチャンクになりますし，クラスター分析や手順分析の場合，大きなかたまりごとにチャンクをつくると，提示と学習活動を組み合わせたリズムができます。

　もうひとつ大事なことは，学習目標の種類によって適切な指導方略があると

表 6 - 3　学習目標の種類と指導方略

言語情報	・覚えるべきことはすべて提示し，頭の中に整理して位置づけられるよう，それらのつながりを明確にする（4）。 ・新しい情報だけでなく，すでに知っていることとの共通点，あるいは相違点を示す（3，4）。 例：地理で前に習った地域と新しく学ぶ地域の類似点や相違点を強調する。「地域の特徴をとらえる視点」を示す。
運動技能	・体を使っての練習を繰り返す。複雑な運動の場合，それを構成するステップに分解し，ステップごとに習得させる（6）。 ・自分がうまくできたときの様子をイメージさせて頭の中でリハーサルを行う訓練（イメージトレーニング）をさせる（5）。 例：体育の跳び箱を跳べるようにするために助走，踏切，手のつき方に分けて練習させる。
知的技能	・説明に使った例は練習には使わず，練習に使った例はテストには含めない（6，8）。 ・単純で基本的な事例から複雑で例外的な事例へ進ませる（5）。 ・練習でつまずいた時は，誤りの種類に応じて一段下の課題に戻ってやり方を確認してから再度挑戦させる（6，7）。 例：算数で例題を通して解法を学んだあと，類題や発展的な問題で練習する。
認知的方略	・学習のコツを新しい場面に使う経験を積み重ねる（6，9）。 ・どのように学んだのか，学びの方法を振り返らせ，何が効果的で何が失敗だったのかを点検さる（7，9）。 例：総合的な学習で調べ方を自分で考えさせ，振り返りをする。
態度	・モデルとなる人間の姿と選択行動を示し，観察学習による代理体験のメカニズムを活用する（4）。 ・態度を行動化する知識や技能を教える（4，5）。 例：道徳の時間で教材文や番組の主人公の気持ちを考えさせる。

＊　（　）内は9教授事象の番号

いうことです。表6-3に,学習目標ごとの指導方略のヒントをまとめてみたので,参考にしながら一つひとつのチャンクを具体化していきましょう。

 学習指導案にまとめるために

　教育実習や研究授業では,ここまで述べてきたような学習目標や教材に対する考え方,単元計画,一時間の授業の流れなどをまとめた**「学習指導案」**を作成します。単に指導案と呼ぶこともあります。指導案の書き方は地域や学校によってさまざまですが,第1章の表1-1で紹介した項目例をもとに,学習指導案の内容を確認していきましょう。

1──基本情報
　授業をする日付と時間,学年クラス,教科,教室,授業者の名前,児童・生徒数など基本的な情報を記載します。特に迷うことはないでしょう。

2──児童・生徒
　子どもたちが授業で扱う内容をどうとらえているか記述します。関連する単元の習得状況や,教科に対する興味関心,前提テスト・事前テストに相当する内容を事前にアンケートで調べるなどします。特に子どもたちの活動を中心とした授業の場合,クラスの様子や授業に取り組む態度などを取り上げると,研究授業を参観する他の先生方がクラスの雰囲気をつかみやすくなります。

3──教材
　授業で扱う単元の学習指導要領上の位置づけや,関連する単元とのつながりなどを取り上げます。学習指導要領の教科・領域ごとの「解説」には,より詳細なねらいや取り扱い方が書かれているので参考にしてみましょう。その上で本単元が扱う教材で子どもたちはどのようなことを考え,どんな力の育成が期待できるのかなど,教材の特色を記述します。課題分析図を作成することで,題材の構造をより詳細に見極めることができます。

4──単元

単元のねらいとともに，単元計画を記載します。単元目標は，学習指導要領のどの項目と対応するのか明示します。さらに目標に対する評価規準（第7章参照）を示し，一時間ごとにどのような観点から評価するのか明確にしていきます。また，研究授業として公開する場面は，単元計画の中で「本時」としてどの場面を取り上げるのかわかるようにします。

5──本時

一時間の目標と指導の流れを示す部分です。目標は，単元計画で示した目標と対応させて記述します。授業の流れは「**指導過程**」とも呼ばれています。場面ごとの情報提示や学習活動の実際，予想される児童・生徒の反応，そこでどのような指導や支援をするのか，各場面で何ができているのかをどのように確認するのか（評価）を記していきます。時間配分を書いたり，資料や機器を使う場合はその使い方などを書き込む場合もあります。以下の指導過程（表

表6-4　指導過程「明かりがつく法則を探ろう」の例

	学習活動	主な指導・支援	評価
導入	・電気について知っていることを言う ・教師の演示を見る ・学習課題をつかむ 　「豆電球の明かりをつける方法を調べよう」	・豆電球の部分以外は箱に隠してつなぎ方は見せない	・明かりがつくことに関心をもつことができたか（関心）
展開	・豆電球，乾電池など名称を確認する ・実験の方法とワークシートの記入方法を確認する ・個別に実験を試行する。つなぎ方をメモする ・ワークシートをもとに自分のつなぎ方を発表する	・名称を図示して確認させてから材料を配る ・ついた場合とつかなかった場合を比べて書くようにさせる ・ついた場合とつかない場合の違いに着目させる	・明かりのつけ方をいろいろと変えて試すことができたか（技能） ・正しい名称で記入できたか（知識） ・明かりがつく条件を見つけられたか（思考）
まとめ	・明かりがつく条件をまとめる ・明かりがつかない場合を見る	・電球と導線と電池で1本の通り道ができていることを確かめさせる ・導線をひもに交換してみせる	

6-4)では実験が中心になるためチャンクはひとつです。どの活動が9教授事象のどれに対応するでしょうか。

6 ── 評価

　本時の授業を通して子どもたちがどのようなことができていればよいのか，評価規準を明確にします。ねらいに対する到達度合い（基準）や，到達できていない子どもに対する手だてを書く場合があります。

　以上，6項目で学習指導案に含む内容を紹介しました。実際には授業で配布するプリントやワークシートを一緒に綴じ込んだり，黒板をどのように使うのか（**板書計画**）を記載する場合もあります。指導過程の書き方も学校によってさまざまですし，学校研究の方向性によってはまったく異なった指導案もあります。大事なことは，授業をする教師とそれを見る参観者との間で，授業に対するイメージを共有することです。授業後の検討会が少しでも有意義な議論になるように，授業者がどのような思いで授業に取り組んだのかがわかる指導案をめざしてください。

 章末問題

(a)～(e)は表6-1に示した授業の中の一場面で教師がすることです。ガニェの9教授事象のどれにあたるか答えなさい（一場面につき，対応する事象はひとつとは限りません）。
(a) 電気について知っていることをたずねる
(b) 豆電球をつけてみせる（つなぎ方は箱に入れるなどして隠す）
(c) 実験の方法とワークシートの記入方法を指示する
(d) ワークシートをもとに自分のつなぎ方を発表させる
(e) 明かりがつく条件を黒板にまとめ，ノートに書くよう指示する

・・・・・・・・・・・・・・さらに深めるには？・・・・・・・・・・・・・

向後千春（2013）　いちばんやさしい教える技術　永岡書店

学校に限らず，会社や家庭も含めて「教える技術」をわかりやすく解説しています。「運動スキル」「認知スキル」「態度スキル」の３つに分けて教え方のコツを紹介しており，指導方法のレパートリーを増やすことができます。

授業パッケージ講座　その３：指導案にまとめよう！

　第６章では指導案の書き方を紹介しました。授業展開を検討した結果を制作シート③を使って学習指導案にまとめてみましょう。なお，一時間完結の授業パッケージのため，実際の学校の指導案とは一部異なります。制作シート②の課題分析図とあわせて授業プランを交流するには，交流シート②を利用します。

授業パッケージ制作シート③学習指導案

日時　７月20日第４校時　　場所　231教室
授業者名　学院太郎

１．授業テーマ：「三角形の面積を求めよう」

２．学習者

　授業に意欲的に取り組んでいる児童が多いが，自分の考えを説明するのが苦手である。導入で長方形，平行四辺形の面積を求める問題を５問程実施し，単位の理解についても確認する。　〔学習者の様子や前提・事前テストの計画を書く〕

３．教材

　これまでに学んだ面積の概念，長方形，平行四辺形の面積の求め方をもとに三角形の面積の求め方を理解し，公式を学習する。　〔教える内容や前提条件との関連を示し，学習内容の特徴を述べる〕

４．指導

　方眼入りの三角形を配り，具体物を操作しながら面積の求め方を考えられるようにする。自分の考えを実物投影機を用いてクラス全体に提示しながら説明することで考えの共有を図る。　〔どのように教えるのか工夫する点や留意点を挙げる。〕

５．学習目標

・図形操作から三角形の面積の求め方を見つけることができる（認知的方略）

・三角形の面積を求める公式を覚え，他の問題に適用できる（知的技能）

６．指導過程

〔本時の目標を５分類と対応させて書く〕

時配	学習内容と活動	指導上の留意点・評価
導入 5分	１．長方形・平行四辺形の面積を尋ねる(3) ２．学習課題の提示（2） **「三角形の面積の求め方を考えよう」**	○前時の復習をテンポよく行い，挙手で全員に確認する ○答える際に単位までしっかり確認する
展開 35分	３．課題をとらえる（4，5） ・三角形を提示し，どのようにしたら面積を求められるか考えを発表し合う ４．三角形の面積を求める（6） ・具体物を用いて作業し，どのような方法を用いたのか説明を文にまとめる	○ヒントになる言葉を板書で整理する ○机間指導で既習の図形との類似点，変形のさせ方に気づかせる ★既習の図形に変形し，求め方を考えている（認）

〔学習者の活動を順に書き，９教授事象と対応させる〕

〔教師の留意点を○印で，評価に関する箇所を★印で書く〕

第7章 学習指導と評価（1）
～目標・指導・評価の一体化～

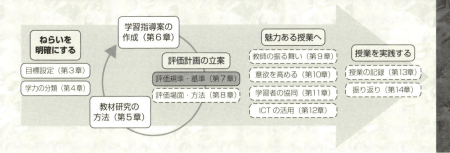

　子どもたちの学習の成果を正しく評価するには，どのような視点で，どのような方法を用いればよいのでしょうか。学習評価に関する基本的な考え方を，5W1Hの形式で解説します。

テスト，見取り，診断的評価，形成的評価，総括的評価，評価と評定，規準と基準，相対評価・絶対評価，自己評価，相互評価，真正な評価

やってみよう
　これまで経験したことのある「テスト」を1つ思い出してみましょう。そのテストは何を測ろうとしていましたか？　あなたには何の役に立ちましたか？　友だちに紹介してみましょう。

学力調査は何のため？ ～評価の目的と対象～

　子どもたちの学力を測るにはどのような方法を用いればよいでしょうか。第4章では，そもそも何を「学力」としてとらえているのかを確かめる重要性を取り上げました。第5章では，学習目標の5分類にならった課題分析の方法を取り上げました。ここでは学習の成果を具体的にどう測るのかを考えていきま

しょう。例えば次のような問題はどのような力を測ろうとしているのでしょうか。

エアコンに関する問題

新しいエアコンを使いたいのですが，説明書がないので自分で操作方法を考えなければなりません。画面のツマミを使って（中略）目盛を変化させることができます。
ツマミを動かしてから「設定」ボタンをクリックすると，グラフに温度と湿度の変化が表示されます。

問題：画面のツマミを動かして，3つの調節目盛がそれぞれ温度と湿度のどちらに対応しているかを見つけてください。

　この問題は，OECD が15歳児を対象に2012年に実施した国際的な学力調査 PISA の問題解決能力に関する問題例です（国立教育政策研究所，2014）。特定の教科の知識だけでは解決できない複雑な条件を提示し，正しく判断できるかどうかを尋ねています。問題から解決方法を導き出すプロセスが含まれているので，学習目標の5分類で言えば認知的方略に相当します。PISA では義務教育終了段階の生徒が身につけたことを実生活に活かすことができるかどうかを尋ねています。教科の学力を測る通常のテストと違う印象をもつのも納得いただけるでしょう。

　調査対象を確かめてみましょう。PISA では全国で約130万人いる15歳児から5,000人程度を抽出しました。一方，日本で2007年に始まった全国学力学習状況調査は，2010年に選択制に切り替わるまでは全児童・生徒を対象にしました。この違いはなぜでしょうか。東（2001）は，教育評価の目的を次の7点に整理しています。

表7-1　評価の目的と対象（東，2001 をもとに筆者が作成）

評価の目的	評価の対象
1．教育行政の資料として	学習指導要領や教育施策
2．学校の管理・運営の資料として	学校全体の取り組み，環境
3．教師の学習指導の資料として	指導記録と観察，到達状況
4．子どもに情報を与えるため	個々の子どもの到達状況
5．親の参考にするため	普段の学習状況，到達状況，位置
6．子どもの処遇決定のため	到達状況，位置
7．カリキュラムの改善のため	計画の適切性，実施した成果と問題

調査の目的が学習指導要領の評価（表7-1の1に相当します）ならば，統計的にはPISAのように抽出した子どもたちだけで何ら問題はありません。学校ごとの優劣を競い，学校の評価や予算に反映させるのが目的（表中の2）であれば全校参加が必要です。あるいは子どもたち一人ひとりの力を測り，必要な手だてを考えたり，授業改善に活かす（表中の3）のであれば，点数以上に，どのような問題が不得意なのか，しっかり分析することが求められます。評価という行為は，評価する目的があってのことです。そして目的に見合った方法や対象，調査時期などを選ぶことが大前提です。学力調査も，その目的や方法を踏まえた議論をしないと，有効な処方箋を導き出すことは難しくなります。ここでは評価する目的（なぜ評価するのか？＝Why）を取り上げました。以降本章では，特に授業に関する評価にしぼった上で「5W1H」を考えてみましょう。

  テストによる評価，授業の中の評価〜いつ・どこで評価するか？〜

　評価という言葉は，先ほどの学力調査のような「**テスト**」のイメージが強くあります。テスト勉強と言えば，テストで高い得点を得ることだけを目的とした，内容の理解を伴わない学び方が批判されることもあります（内容を理解していなくてもできるテストをつくる方が問題なのですが）。ここでは，学習のあとに行われるテスト以外に，もう少しイメージを広げてみましょう。

　体育の授業で跳び箱を指導する場面を想像してください。子どもたちが次々と跳んでいく中で，跳べたか，跳べなかったかは見ていればわかります。何段まで跳べるかは段の異なる跳び箱を並べておけば評価できます。それでは跳べない子どもをどう見極め，支援すればよいでしょうか。踏みきりがうまくいかなかったり，跳び箱の上で尻もちをついてしまう子がいたりします。跳び箱を跳べるかどうかは運動技能に関する学習目標ですから，第5章の課題分析で言うところの手順分析がしっかりできていれば，つまずいているポイントを見極めて指導に活かすことができます。

　とはいうものの，たくさんの子どもたちが一斉に学ぶ授業の中で，教師一人では見極めきれないことの方が日常では多いのが現実です。国語の授業で作文

を書く場面を考えてみます。一字も書けていないのであれば，できていないことは明らかですが，たくさん書けていても，内容が不十分だったり，誤字脱字が多ければそれはそれで問題があります。この場合，本人はたくさん書いたことに満足しているかもしれません。しかも，教師としてはまがりなりにもとにかく書いている子は置いておいて，書けない子の指導にあたりたくなるものです（そして，ここに一番時間もかかります）。授業の終わりに子どもたちの作文を集め，採点する段になって愕然とした経験がある教師も少なくありません。子どもたちは学習に取り組んでいる際，自分ができているか，できていないか正しく判断しているとは限らないのです。

　教師が授業の中で子どもたちの学習状況を観察することを「**見取り**」と呼びます。授業場面では子どもたちの学習状況をいかに見取り，適切な指導につなげていくのかが問われます。「きれいに跳べているね」「たくさん書いたね」といった言葉（ガニェの9教授事象で言えば「7．フィードバックをする」にあたります）は，子どもにとっては自分の学びに対する評価にもなります。単元の途中に小テストを行う方法もあります。知的技能のように積み上げが必要な学習目標では，途中のつまずきを早めに察知して，指導に活かすことが求められます。

　第3章では授業の出入口として3つのテストの役割を紹介しました。すなわち，学習内容に対する準備状況（レディネス）を診断する前提テスト，学習内容の理解については，子どもが学習する前に行って授業のレベルを調整するための事前テスト，学習したあとに行って授業による成果を確かめるための事後テストの3つがあったことを確認しておきましょう。授業の途中での見取りや単元途中の小テストなど学習の最中に行う評価もあることを紹介しました。これらの場面（Where）とタイミング（When）を図にすると図7-1のようにな

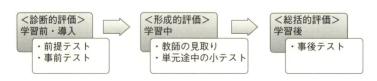

図7-1　3つのテストと場面・タイミングの関係

ります。これらはそれぞれ**診断的評価**，**形成的評価**，**総括的評価**とも呼ばれています。いつ評価するのかによって評価の目的も変わることに注意しましょう。

 相対評価と絶対評価～どのように評定するか？～

　テストをしたり，授業中の子どもの様子を見取ったり，家庭学習の様子を調べたりするなど，教師はさまざまな評価を行っています。評価した結果を総合的に判断して，通知表に3段階，5段階といった形で表すことを**評定**と呼びます。この評定のつけ方（How）には，大きく2つの考え方があります。

　相対評価は，集団の中で他の人と比べて優れているか，劣っているかを見る方法です。集団の平均値からどのくらいの位置にいるのかによって，評定を決めます。例えば30人の学級で5段階評価するとしたら，5と1は2人，4と2が7人，残り12人は3というようにクラスの人数によって5を与える人数，4を与える人数が決まってきます。これは統計学で言うところの正規分布と呼ばれる分布の考え方に基づいています。確かに全国の学力テストのように大規模なテストを行えば，おおむね正規分布に近づく結果となります。ところが，30人，40人程度の人数の場合，評価値の高い子どもが集まっていたり，真ん中が少なく，高い子と低い子に二極化している場合もあるでしょう。極端な話をすれば全員が100点をとっていても，1～5に振り分けなければいけないという無理が生じてしまうかもしれません。しかも，得られる評定は自分がクラスの中で上の方か，下の方かという情報ですから，必要な学力を身につけることができたのかどうかわからないという大きな課題があったのです。

　そこで2000（平成12）年頃から日本の公立校で取り入れられ始め，2002（平成14）年度から全国に広まったのが**絶対評価**による評定です。絶対評価では，集団の出来不出来やばらつきには左右されない「**到達目標**」が評定の手がかりとなります。到達目標を十分達成しているのか，不十分な状態にあるのかを判断します。全員が100点であれば全員に5をつけてもよいことになります。相対評価のように無理に振り分けるよりは公平な評価ができそうなものですが，問題はこの到達目標を誰が，どのように設定するかです。教師の頭の中だけで

「このぐらいなら合格」と判断するような評価（認定評価とも呼びます）では，教師によるばらつきが出てしまいます。目標をできるだけ具体的に記述し，ブレのないようにすることが求められます。

　学校教育における評価はここまで述べてきたような経緯で絶対評価が用いられるようになりましたが，相対評価が不要なわけではありません。例えば入学試験では定員が決まっているために選抜を目的とした相対評価を用います。国際的な学力調査はそもそも相対的な国際比較をすることが目的です。その一方で運転免許や資格を認定するための試験は，一定程度の技能や知識をもっているかどうかを測ることが目的ですから，到達目標を明確にした絶対評価を用います。つまりどちらを選ぶのかは評価の目的次第なのです。

評価の規準と基準を明確にする

　評定の方法から評価の方法（How）について話を進めていきましょう。第2章でご紹介した「メーガーの3つの質問」によれば，学習目標，評価方法，指導方法の間の一貫性が重要とされていました。授業では，すべての学習者が学習目標として設定したゴールに到達することをめざすわけですから，前節で紹介した評定の2つの考え方で言うと授業で用いられる評価は絶対評価になるはずです。学習者はどの位置にいるのか，言い換えれば，学習目標に対してどの程度，到達しているのか物差しをつくっていきます。この目標と物差しの関係に対して，評価の「規準」と「基準」という2つの用語が使われています。

第7章　学習指導と評価(1)〜目標・指導・評価の一体化〜　83

読みが同じで紛らわしいので口頭では訓読みをして区別することがあります。

・**規準**（のりじゅん）：評価のよりどころになる学習目標を具体的に示したもの

・**基準**（もとじゅん）：規準をどの程度達成できたのかを判定する物差し

　つまり，規準は本時の目標と同じものであり，基準はその規準に到達しているかどうかを何段階かに分けた物差しと言い換えることができます。一般的にはＡ：十分満足できる，Ｂ：おおむね満足できる，Ｃ：努力を要する，の3段階で表記します。指導案にはＣを記載せず，ＣをＢに引き上げるための教師の手だてを記入する書き方もあります。

　具体例を示しましょう。小学校5年生の理科で，ものの溶け方を扱う単元があります。食塩やミョウバンを水に溶かしていくと，溶けきる量には限りがあります。もっと溶かすには水の量を増やすか温度を上げる方法がありますが，食塩は温度変化で溶ける量はあまり変わらず，ミョウバンは温度が高くなるほどたくさん溶けます。実験結果を表にまとめ，「ものが水に溶ける量には限りがあるだろうか」という問いに対して表から読み取った内容に関する評価基準を考えてみましょう。溶け方の法則，つまりルールに関する学習ですから知的技能に関する評価です。この段階ではルールをきちんと説明できるかどうかを見極めることにしました。表7-2のように評価基準を表形式にしたものは**ルーブリック**と呼ばれています。

　授業パッケージにおいて定めた学習目標（規準）が2つ，3つとある場合は当然のことながら基準も複数設けることになります。しかし実際の授業では，いくつもの目標に対して評価方法を設定し，すべてを見取ることは不可能です。そこでまず，その一時間でもっとも教えたいポイントはどこなのかを見極め，そのポイントを評価規準の形に書き表します。規準の種類に応じて適切な評価

表7-2　ルーブリックの例

Ａ（十分満足できる）	Ｂ（おおむね満足）	Ｃ（努力を要する）
ものの溶け方に違いがあることを理解し，食塩とミョウバンの溶ける量が水の量や温度に対してそれぞれどう変化するか正確に述べている	ものの溶け方に違いがあることを理解し，水の量や温度と関係があることを指摘している	ものの溶け方の違いを表から読み取ることができない

の方法を選択し，具体的な読み取り方を想定しながら評価基準を考えていくことで，目標と指導と評価をまっすぐ結びつけることができるのです。

 ## 評価の教育的意義～誰が評価するのか？～

　最後に，残された5W1Hの「Who」，つまり評価を誰が行うのかという問題について取り上げておきましょう。ここまでの話では評価と言えば，当然，教師が行うものというイメージがあったかもしれません。けれども，表7-1で確認したように，評価には目的があり，目的に応じて最適な方法を選択します。授業以外の場面で言えば，学校の運営状況に対する評価では，教師ではなく保護者や地域の人，あるいは学校評議員と呼ばれるような教員以外の地域の関係者や専門家が評価に参加することがあります。授業では教師以外にどんな人がいるでしょうか。学級内の友だち，学習者自身，授業によっては外部講師（ゲストティーチャー）という場合もあるかもしれません。当然，それぞれに評価の目的は異なります。

1──相互評価

　学級内，あるいは学年内で学習者同士が互いに評価し合うことを**相互評価**と呼びます。互いのよさを認め合えることと，自分自身の学びの参考にすることの2つの目的があります。学習の発表場面や作品などを作る場面でよく導入されます。人に何かを伝えたり，提示する場面では，どの程度相手に伝わったのか，工夫した点は効果的だったかなど，受け手からの評価により，自分の発表や作品等を改良するためのポイントを見つけ出すことができます。

　相互評価をする側の視点に立ってみましょう。友だちの発表や作品を見ることで，自分にはなかった工夫に気づいたり，「自分も○○さんみたいに説明してみたいな」といったモデルを見つけられるかもしれません。ガニェの9教授事象で言えば，「7．フィードバックをする」や，「5．学習の指針を与える」を学習者同士で見つけていくことが相互評価の面白さです。

　ただし，単に感想や質問を言い合うだけでは，具体的な改善点を見つけるに

は至らないかもしれません。絶対評価の考え方で示したように，評価の観点と
その基準を意識させることが重要です。ルーブリックを子どもたちに公開し，
相互評価の道具として使ってもらう方法があります。

❷──自己評価

　学習者が自分で自分の学習状況を診断することを**自己評価**と言います。子ど
も自身が自分の学習を振り返ることを通して，自分がめざすところにどれだけ
近づいたか，次の学習をどのようにしたらよいかを考える機会となります。学
習目標の5分類で言うところの「認知的方略」を身につけるには，この自己評価
の活動が有効です。自分自身の状況を見極め，適切な方法を選ぶための判断材料
を見つける方法を学ぶ機会を，自己評価は提供してくれます。自己評価は，子ど
もが自己を客観的に評価する能力を身につけるための学習活動でもあるのです。
　そうは言っても自分で自分を評価するのですから，「自分は頑張った！　満
点！」といった自己満足に陥りがちな子どもや，「なんて自分はダメなんだろ
う……」と教師の見取りよりも低く自己評価する子どもがいます。相互評価の
場合と同様に，評価基準を子どもたち自身の評価の道具にする方法があります。
活動のあとに評価基準に照らして自分の学習活動を振り返ったり，評価基準を
学習する前に示し，どのように取り組むべきか考えさせることで，自分の学習
活動を客観的に見る力を高めていくことができます。

❸──真正な評価

　総合的な学習の時間では，環境問題について調べているときに，科学館の方
に来てもらったり，お米を育てる苦労を農家の人に話してもらうといったゲス
トティーチャーを招待することがあります。単元の導入に子どもたちへの動機
づけとして設定する以外にも，子どもたちがさまざまなことを調べ，探究する
活動を行ったあとに，成果を学校外の専門家に聞いてもらう機会を設けること
もあります。町の中のバリアフリーについて調べ，「もっとこんな工夫が必要
だ！」という意見が出てきた場合，行政の人に聞いてもらうことができれば，
実現するかもしれません。子どもたちにとっては伝える使命感をもった学びに
なります。学校の教師は，子どもたちに教えることの専門家ではありますが，

総合的な学習の時間で扱うような環境，国際理解，福祉など教科を超えたテーマの専門家ではありません。そこで，実際にその分野で活躍している人に子どもたちが自分の学びを語り，評価してもらった方が，より子どもたちの学びを社会の現実に近づけたところで評価することができるはずです。このような評価を**真正な（オーセンティックな）評価**と呼びます。教師はどのような意図で子どもたちが学習しているのかゲストティーチャーにあらかじめ説明しておく必要はありますが，外からの目で子どもたちの学びが認められることは，子どもたちにも教師にも「学ぶ意味」を改めて実感する経験になるはずです。

 章末問題

1. 評価に関する次の文章が表す語句を語群の中から選びましょう。
   (a) 学習者同士で評価し合うこと
   (b) 評価基準を表で示したもの
   (c) 定められた到達基準に基づいて評価する
   (d) 学習内容に対する準備状況
   (e) 学習前に行う評価

   　　(ア) ルーブリック　(イ) 相互評価　(ウ) 相対評価　(エ) 絶対評価
   　　(オ) レディネス　(カ) 総括的評価　(キ) 診断的評価　(ク) 真正な評価

2. 相対評価あるいは絶対評価の例を本テキスト以外で探しましょう。なぜその評価方法が適切なのか，説明を考えてみましょう。

・・・・・・・・・・・・・・・さらに深めるには？・・・・・・・・・・・・・・

国立教育政策研究所（2010）　PISAの問題できるかな？　明石書店
本章の冒頭で紹介した国際的な学習到達度調査（PISA）の問題がたくさん掲載されています。問題の作り方だけでなく，「どんな力を測ろうとしているのか」を考える上で問題の解説も参考になります。

第8章 学習指導と評価（2）
～目標に応じた評価方法の実際～

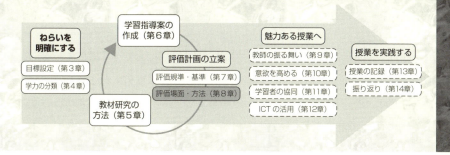

　授業の中で評価を行うには，テスト以外にもさまざまな方法があります。本章では，学習目標の5分類に即した評価の具体的な方法を解説し，評価計画をつくるための方法を習得することをめざしましょう。

観点別評価，見える学力，見えない学力，ペーパーテスト，面接，観察，ワークシート，チェックリスト，振り返りカード，ポートフォリオ，評価計画

やってみよう

　今まであなたは，学校の授業において，どのような方法で評価されていましたか？　例に示すように，「(1)教科，(2)何を，(3)どのように，評価された」に言葉を入れて，作文してみましょう。
例①　(1)国語の，(2)漢字の習熟度を，(3)10問テストで評価された。
例②　(1)図工の，(2)鑑賞する力を，(3)感想文で評価された。

 さまざまな評価方法

　第7章で評価の意義について述べてきました。本章では，具体的にどのように行うのかを考えてみましょう。評価方法とひとくちに言ってもさまざまです。

それぞれに得意・不得意があるので，組み合わせることが必要です。

　まず思いつくのは，誰もが経験してきたペーパーテストです。客観テストと自由記述式テストに分けることができます。**客観テスト**には，用語を穴埋めする問題や，あらかじめ用意された選択肢の中から答える問題などがあります。誰が採点しても同じように採点できるという点が，客観テストの特徴です。**自由記述式テスト**は，文章などを書かせる方法です。客観テストでは，記号などを選択させる際，勘で答えられる部分があるので，十分に学力を測れない可能性があります。自由記述式のテストを勘で解答することはできませんが，採点する人により基準がブレやすくなるため，配慮が必要です。

　ペーパーテストだけですべての学力を評価することはできません。書かれたものではなく，実際に観察や面接を通して評価することも考えられます。先の自由記述式の評価と同様に，評価者によって評価の違いが生じる可能性があるので，第7章で紹介したルーブリックやチェックリストを用意するなどの工夫が求められます。

　評価方法はまだまだあります。習得した知識や技能を活用し，課題を解決できるかどうかを具体的な場面に基づいて評価をする**パフォーマンス評価**，長期的に学習記録を蓄積し，学んできた足跡を評価する**ポートフォリオ評価**，コンピュータ上で問題が出題され，ソフトウェアを操作しながら解答することで，問題の解決過程を評価する**CBT**（Computer Based Testing）などです。

 学習目標に応じた評価方法の選択

　目標・指導・評価を一体化させるために，評価は，目標の種類に応じた方法を採用しなければならないことを第7章で述べました。授業を考える際，複数の目標があり，それぞれの種類が異なる場合は，評価する観点ごとに適切な評価方法を使用します（**観点別評価**と呼びます）。ここでは，第4章で紹介した5つの学習目標，すなわち，言語情報，運動技能，知的技能，認知的方略，態度について，それぞれの学習目標の特性に応じてどのような評価の仕方があるのか，あるいは授業の中で確かめる方法があるのかを紹介します（表8-1参照）。

1 ── 言語情報を評価する

　物の名称や英単語など，提示されたものを覚える学習目標が言語情報でした。最初の内閣総理大臣は誰か，とか，漢字の書き取りのように，子どもが頭の中に記憶しているものを思い出させ，それを書かせたり発言させることで評価することができます。言語情報のテストでは，「ヘリウムの元素記号はHeかHか」といった正しい選択肢を選ぶことができるか尋ねる方法（**再認**）と，「ヘリウムの元素記号を答えなさい」というように正答を書いたり発言することを要求する方法（**再生**）とがあります。当然のことながら，再生のテストの方が再認のテストに比べると難易度は高くなります。

　できる・できないが明白な言語情報の評価は，教師にとっては扱いやすく評価しやすい，いわゆる「**見える学力**」（岸本，1996）の典型です。ただし，この見えやすさは同時に，子どもたちにとっても見えやすいことを意味します。全国の県の名前と県庁所在地を覚えたり，難しい漢字を覚えて検定に挑戦するといったことは，結果がわかりやすいために，子どもたちも半ばゲーム的に積極的に取り組む場面を見ることがあります。この学習目標だけが強調されすぎると，学ぶことは丸暗記することだ，と子どもが思い込むことになりますので，配慮したいところです。

　言語情報はバラバラの知識の断片ではなく，いくらかの関連性をもった知識のまとまりとして扱える場合もあります。歴史上の出来事の一つひとつは時代の流れの中に組み込まれていますし，元素記号は周期性でつながっています。英単語の学習でも，似たもの同士で覚えたり，買い物のとき，旅行のときといっ

た場面ごとのまとまりでとらえることもできます。評価する際には，歴史年表の中に空欄を設けたり，場面に関連する英単語を選ばせたりすることで，関連性を意識させることができます。教師が問いかける場面でも関連する知識をヒントとして示していくことで，子どもたちは「なんだっけ……」と頭の中をひっくり返しながら，知識を関連づけていくことができます。

2 ── 運動技能を評価する

　箸の持ち方やマット運動，楽器の演奏など体の動作に関するものが運動技能でした。運動技能を評価するには，第7章の跳び箱の例のように評価者が観察するのがひとつの方法です。何段跳べるのか，どのように跳べているのか，あるいはキーボードのタイピングであれば入力の速度やミスの少なさなど外から見て取れる指標を用いることができます。

　一人ひとりをじっくり観察できない場合や，紙の上に評価を残しておきたい場合にはどうすればよいでしょうか。タイムや点数など数値で測れるものはその結果を記録すればよいのですが，数値化しづらいものであれば，何ができたか，できなかったのかをリストにして尋ねる**チェックリスト**を用いる方法があります。

　運動技能の学習目標は学習者の側からすると，自分ができているのかどうかがわかりづらい場合もあります。例えばスキーを上手に滑ることができているかどうかは，足の向きやひざの使い方，重心のかけ方，ターンの仕方などさまざまな箇所の動作が組み合わさった複雑な運動です。全体として滑ることがで

きるか，できないかはすぐに判別がついても，なめらかに滑っているか，きれいなフォーム，無駄のない動きかどうかまでは自分で認識するのは難しいものです。カメラで自分の体の動きを撮影してもらい，あとで自分の動作を自己評価したり，他の人と一緒に見てアドバイスをもらうのも，評価方法のひとつと言えるでしょう。

3──知的技能を評価する

　数学の公式や英文法のようにルールを記憶し，適用できるようになることが知的技能の学習目標です。数学や英語の教科書には習ったことのすぐ後に練習問題が用意されています。学習した際の問題とは数字や文章が少しずつ違えてあるはずです。学習内容が定着したか，条件を変えて問う必要があるからです。

　ルールを適用できるかどうか評価するには，練習問題を課す以外にも，分類する課題を与える方法があります。三角形と四角形の定義を教えたあとに，たくさんの図形を与えて区別させる，といった方法です。また，電気を通すものと通さないものを調べたあとに，金属が電気を通すというルールを確かめ，さまざまな身の回りにあるものが電気を通すかどうか予想してみるといった活動の展開までイメージできると，指導と評価の一体化が図れます。**ノートやワークシートに解き方や自分の考えを書かせて，それを説明する場面を設けると，学習したルールを適用できたかどうかを授業の中で確認できるだけでなく，授業後にもノートやワークシートをもとに評価することができます。**

4 ── 認知的方略を評価する

　学習方法を工夫したり，学習状況を見つめ直したりする**メタ認知能力**が認知的方略です。学び方を学ぶ，考え方を考える，「俯瞰する目」と言い換えてもよいでしょう。単語やルールといった学習内容そのものではなく，問題の解決方法を考えたり，学習の仕方を見直そうとする際の頭の働きのことです。認知的方略の指導には，方略そのものを教えたり，実際の問題場面でどの方略が適切なのか判断させたりすることを第6章で示しました。

　認知的方略は常日頃，どんな課題に対しても用いられる力ではあるのですが，そのためにかえって直接評価するのが難しい**「見えない学力」**です。見えない学力と見える学力は，氷山にたとえられます。水面から上に出ている「見える部分」は，外から評価しやすく，教える対象もはっきりしています。一方で水面下に沈んだ「見えない部分」は，評価しづらく，明確に指導することも難しいのです。ところが，この見えない部分こそが私たちの学習を支えている重要な土台でもあります。「自分の頭で考える力を育てたい」「教科の知識を覚えるだけでなく，それを日常の問題解決に活かせるようにしたい」といった声を耳にすることはよくあります。第7章で紹介したPISAの問題のように，何の教科か，どんな方略が有効なのか，目安を与えずにゼロから問題解決させることで認知的方略を含んだ力を評価できます。「どうやって解いたらよいかな？」「まず最初に何をしたらいいですか？」など，問題状況に向き合った段階で，どういう方略を採用するかを口頭や文章で表現させてもよいでしょう。

第8章　学習指導と評価（2）～目標に応じた評価方法の実際～ 93

　一時間の授業の中でこうした力を測定することはなかなか簡単なことでは
ありません。総合的な学習の時間では，課題を自ら設定し，解決方法を考え，
情報を集め，分析し，まとめるといった一連の探究活動が含まれます。学習の
経過を記入した振り返りカードや，集めた資料などをファイルに綴じたものを
ポートフォリオと呼びます。ポートフォリオには，さまざまな認知的方略を働
かせてきた軌跡が残されています。学習者に面接を行う際にポートフォリオを
開きながらどのような学びを展開したのか説明させることで，長い期間にわ
たった学習の成果を読み取ることも可能になります。

5──態度を評価する

　評価する対象としてもっとも難しいのが態度です。もっと勉強したい，次の
テニスの試合ではぜひ勝ちたい，といった意欲や，携帯電話を使うときはマナー
を守ろうと思う，地球環境を大事にしたいなどの態度，恐竜のことを詳しく知
りたいなどの関心はいずれも次の学習へと子どもたちを向かわせる大事な原動
力です。その一方で人の気持ちを推し量ることは簡単なことではありません。
「あなたは地球環境を大事だと思いますか？」と聞かれて，「いいえ」と答える
人はそうはいないでしょう。道徳の授業で「相手を思いやって行動することが
大切です」と答えていた子どもが休み時間にはケンカをしていたりします。「禁
煙しようと思ってます」と言う人がどのくらい「思って」いるかを見極めるこ
とはできるのでしょうか。

　人の気持ちを読み取るとき，私たちはその人の心の中そのものをのぞき込む
ことはできません。顔の表情や口にした言葉，行動など外に現れたものによっ
て判断するしかありません。もっとも本音に近い態度を評価するには，こっそ
り隠れて学習者の行動を観察することです。環境問題に高い関心をもっている
と答えた人がゴミをどう捨てているか，電気をマメに消しているか，公共交通
機関や自転車を使っているか。実際に行うのは現実的ではありませんが，こう
した場面場面での行動の選択が，その人の態度を代弁しているとみなすのです。

　授業の中でよく使われるのは，問題場面を提示し，自分がしたいと思う行動
を選ばせる方法です。「電車で座席に座っていたら杖をついたお年寄りの人が
近づいてきました。あなたならどうしますか？」といった場面であれば「席を

ゆずる」と答える人が大半でしょう。「電車の中です。携帯電話で大きな声で話をしている人がいます。注意しますか？」だと，注意するかどうか判断は分かれることが予想されます。なぜそう思ったのか，理由を尋ねたり書かせたりすることで，単に行動を選ばせるよりは詳しく気持ちを調べられます。「地球環境を守るにはどんな生活を心がけますか。できるだけたくさん挙げてみましょう」という尋ね方は態度そのものではなく，知識を問う聞き方ですが，普

表8-1 学習目標に応じた評価方法

	授業中の評価	ペーパーテスト
言語情報	・一問一答の発問 「○○という単語の意味は？」 ・覚えていることを尋ねる 「○○に関連する語句をできるだけたくさん挙げてみよう」	・穴埋め形式 「空欄にあてはまる言葉を記入しなさい」 （再生） ・選択形式 「空欄にあてはまる語句を選びなさい」 （再認）
運動技能	・観察による評価 （評価するためのチェックリストを手に子どもの様子を確認する）	・チェックリスト形式 「以下の中であなたができることに印をつけなさい」 ・並べ替え形式 「正しい順序に並べ替えなさい」
知的技能	・あとで解き方を説明させる 「どのようにして解いたのか説明してください」 「なぜ○○だと考えたのか理由を言ってください」	・練習問題（授業で扱った問題とは異なる問題）を出題する ・分類形式 「以下のリストを○○に従って仲間分けしなさい」
認知的方略	・先に解き方を説明させる 「まず最初に何をしたらいいですか？」 ・学習経過を振り返る 「今日の学習で学んだことは何ですか？」 ・ポートフォリオの活用 「これまでに学んだことをポートフォリオを使って発表してみよう」	・未知の問題（解決方法をその場で考える問題）を出題する ・論述形式 どのように考えたのか順に説明させる 「あなたならどうしますか？　順に説明してください」
態度	・判断をせまる発問 「こんなときあなたならどうしますか？」 ・知識を問う発問 「○○したいときにはどんな方法がありますか？」	・論述形式 行動や態度を選択し，その理由を問う 「あなたならどうしますか？　その理由も書きましょう」

段から意識している人ほど，つまり地球環境を守ることに関心が高いほど，たくさん答えられることが予想できます。

 評価計画を学習指導案に盛り込む

　学習目標に応じた評価方法のイメージがつかめてきたところで，いよいよ授業パッケージ，あるいは学習指導案に**評価計画**を位置づけていきましょう。評価計画とは，授業のどの場面で，何を，どのように評価するのかを整理したものです。前章「テストによる評価，授業の中の評価」で述べた評価の場面とタイミングにならって，授業パッケージと一般的な学習指導案との評価に関する相違点を表8-2に示します。

　前提テストと事前テストは，授業パッケージでは事前に調べることはできないので導入場面に位置づけ，学習指導案では指導案作成前に実施します（診断的評価）。学習目標にもよりますが，紙面で実施する場合，5問程度の既習事項と未習事項を混ぜた問題を用意し，正答割合を確認します。態度に関する目標を意識するのであれば，「あなたは算数を勉強することが好きですか？」といった興味関心に関する設問等を用意し，あわせて集計しておくとよいでしょう。

　授業中の評価は授業パッケージも学習指導案も共通です。学習目標の中心となる活動場面に対して，学習者がどのようなことができていればよいのか，評価基準を検討します。その上で，評価基準に対する到達状況をどのようにして把握するのか，方法を評価欄に記入します。代表的な方法は以下の通りです。

表8-2　3つの評価の場面例

	授業パッケージ	学習指導案
前提テスト 事前テスト	授業の導入場面で口頭で確認したり，ペーパーテストでその場で確認する	指導案作成前に実施し，児童・生徒の実態に盛り込む
授業中の評価	学習のねらいに即した評価場面と方法を選択する	
事後テスト	授業のまとめの場面で実施し，答え合わせまで行う	授業後（単元終了時）に実施する

・**観察**：子どもの行動や取り組み状況を授業者や，研究授業の協力者が記録します。座席表（153ページ参照）や名簿を用いてクラス全体を確認する方法と，事前に「抽出児童」と呼ばれる特定の子ども（想定される到達度の違いに応じて選んだり，無作為に抽出する場合もあります）に記録者が張りつき，授業中の様子を記録する方法があります。運動技能のように学習者の行動として評価するべき目標や，授業に意欲的に参加しているかといった態度には観察が適しています。

・**ノート・ワークシート**：子どもが授業中に記録したノートやワークシートを回収し，評価に用いる方法です。机間指導（105ページ参照）している間にノート等を確認し，その場で指導を行いますが，クラス全員の学習の成果は授業後に確認します。自分の考えをじっくり書かせることができるため，知的技能や認知的方略に関する学習目標の評価ができます。

・**発表・発言**：授業中に教師が発問した内容に対する回答や，発言の頻度や質を確認します。言語情報に関する学習目標であれば一問一答のような尋ね方になるでしょうし，知的技能や認知的方略，態度であればなぜそう思ったのか理由を言うように指示することが必要です。ただし学級すべての児童・生徒を評価する機会を一時間の授業で確保することは難しいため，ノート等と組み合わせて全員の到達度をつかみます。

・**相互評価・自己評価シート**：子どもたちの活動を主体とした授業では，授業後に振り返りを書く自己評価シートを使ったり，子ども同士の発表を聞き合う場面では相互評価シートを用いることがあります。授業者だけでは見ることのできない一人ひとりの活動に対する取り組みを把握する貴重な資料です。

　事後の評価については，学習指導案の中では該当単元がすべて終わった段階で実施するテストになるため，指導案では単元計画の中に位置づけることになります。ペーパーテストや実技テスト等を課すことになるでしょう。授業パッケージは一時間で完結するものを想定しているため，本時の過程で言うまとめの場面で事後テストを実施します。

章末問題

 以下のような場合はどう評価しますか。学習目標の5分類のどれにあたるかをまず考え，それに応じた評価方法を考えましょう。
(a) 助動詞「can」を活用した文章を書くことができる（英語）
(b) 顕微鏡を適切に操作できる（理科）
(c) インターネットや本の情報から，テーマについて調べ，新聞形式に表現できる（総合的な学習の時間）

• • • • • • • • • • • • • • • •さらに深めるには？• • • • • • • • • • • • • • • •

田中耕治（2010） よく分かる教育評価（第2版） ミネルヴァ書房
教育評価についての入門書です。評価の意義や具体的な方法について，わかりやすくまとめられています。

授業パッケージ講座　その４：評価計画をたてよう！

評価の位置づけや規準・基準を明確にする方法（第７章），学習目標の種類に応じた評価方法（第８章）を紹介しました。制作シート④を使って評価計画を具体化してみましょう。

授業パッケージ制作シート④評価計画

氏名：学院太郎

1．授業テーマ：「スーパーマーケットではたらく人」

2．学習目標

学習目標	学習目標の分類
（1）販売に関わるさまざまな工夫を分類することができる	認知的方略
（2）販売側は消費者の願いに応える工夫をしていることを知る	知的技能

3．評価方法

対応する学習目標の番号　　順に番号をつける

時期	評価対象	評価方法	具体的な問題・観察場面など
授業前導入	（1）	①発言	・スーパーを見学した際の写真を見せて気づいたことを思い出させる
授業場面	（1）（2）	②観察③ワークシート	・視点をもって販売側の工夫を分類しているか・販売側の工夫の理由を書いているか
授業後まとめ	（2）	④ワークシート	・販売側の工夫の理由が消費者の願いと結びついているか

4．重点的な評価の規準・基準

評価する場面の評価方法の番号

評価規準	評価場面
（2）販売側の工夫と消費者の願いを結びつけて説明することができる	④

A（十分満足できる）	B（おおむね満足できる）	C（努力を要する）
新鮮さ，安さ，品揃えなど消費者の願いをもとに販売側の工夫をすべて結びつけて説明できる	新鮮さ，安さ，品揃えなど消費者の願いをもとに販売側の工夫のいくつかを説明できる	スーパーの工夫を並べているが消費者の願いと結びついていない

第9章 魅力ある授業をつくる(1)
～教師の振る舞いの基礎基本～

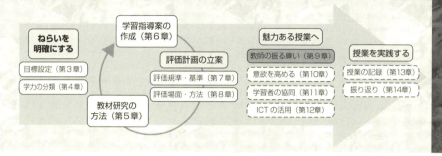

　授業をする際，教師はどのようなことに気をつけているでしょうか。授業設計を現実の授業に反映するために欠かせない，教師と子どもたちの日常に隠されたルールを理解し，授業に挑む心構えを点検してみましょう。

声，目線，表情，発問・指示・説明，板書計画，机間指導，言葉かけ，話す，聴く，話し合う，ノート，学習環境，掲示物

やってみよう

　3人程度でグループになり，1人1分間ずつ，「先生らしく」振る舞ってみてください。立ち姿，話し方，歩き方，目線，どんなところを意識すると「先生らしく」見えるのか，話し合ってみましょう。

◆　◆　◆

 授業を始める前に

　授業のねらいを明確にし，教材研究を行い，学習指導案や評価計画を作成する方法を前章までで説明しました。さあいよいよ，教室に行って授業をしましょう！　……ちょっと待ってください。教室に入って子どもたちにどう声をかけますか？　黒板にはどのくらいの大きさの字で書きますか？　ノートには何を

どう書かせますか？　教師はどこに立ち、どのような表情で授業しますか？ 筆者はこれまで多くの教師の授業を参観していますが、教室に入っただけで、その教師の授業スタイルや授業力がほぼわかります。「子どもたちにこんな力をつけたい」という教師の思いや指導観が、何気ない仕草や口調、子どもたちへの対応、教室の雰囲気に表れているからです。

授業をしばらく見ていると、授業の中に目に見えないルールがあることがわかります。話の聞き方、発表の仕方、ノートの取り方等々、いちいち先生が言わなくても、すべての子どもたちが自ら動いているのです。

本章では、授業を行う上での教師の基礎・基本を、①教師の立ち居振る舞い、②教師が身につけるべきスキル、③子どもに身につけさせたいスキル、④学習環境の整備の4つの視点から説明していきます。

教師の立ち居振る舞い

「子どもは親の鏡」と言われますが、学校では「児童・生徒は担任の鏡」です。担任はあまり気づかないのですが、夏休みを過ぎたあたりから、歩き方、話すときの口の開け方、何気ない言葉遣い、服の着方等々が似てきます。1年もたつと、子どもの行動から担任の普段の行動が見えてくるくらいです。授業や学校の中で、ちょっと意識するとよいことを小学校教員歴20年の佐藤教諭（仮名）の姿から紹介しましょう。

1——声

佐藤先生は、実によく通る声で授業をします。大声ではない「張りのある声」です。そして、声に抑揚があります。盛り上げるところや大切なところ、子どもたちをほめるところは「ちょっとキーの高い声で強く」、授業に集中できずたしなめなければならないときは「キーの低い重い声でゆっくり」、机間指導でまだ理解できない子には「優しい声で柔らかく」、ちょっと雑談などで気持ちを休めるときは「明るい声で楽しく」と、いろいろな声を使い分けます。

❷──目線

大学の授業や講演会などで，先生（講演者）と目が合い「この先生，私を見てる」と思うことはありませんか？　このような先生は，児童・生徒（聴衆者）の姿（目）を常に見て，その反応を感じて話しています。授業中，教師はどこを見て話せばいいのでしょうか？　前3列くらいだけを見ていては，後ろの子の様子に気づけません。後ろの方だけでは，目の前の子の様子を見落としてしまいます。全体に目を配りたいものです。

大事なことは，「どこを見るか」ではなく，「誰を見るか」「何を見るか」です。「これはこの子とこの子にしっかりと押さえさせなくては」「この発問ならこの子たちはこんな意見を言うだろう」「この辺であの子は飽きてしまうかな」と，子どもの姿を思い浮かべながら授業設計をすると，自然と多くの子どもたちに目を向けることができます。教室での目線は，教材研究の段階から，すでに始まっているのです。

❸──表情

笑顔の多い先生のクラスは自然と子どもたちの顔にも笑顔が出ます。あまり表情を変えない先生のクラスの子どもたちは全体的に無表情になりがちです。佐藤先生の授業はいつも笑顔で始まります。導入では，前時の復習をゲーム形式で答えます。子どもたちも笑顔で明るい雰囲気の中で授業がスタートします。その後も子どもの意見を引き出し，認めながら授業は進行します。先生の顔も子どもの顔も明るくなります。

顔の表情と声はセットです。声がよく通るためには，口をよく開けます。すると頬が上がり，明るい表情になります。教師の機嫌や気分で授業をされては子どもがかわいそうです。教師自身が常に明るい表情で授業に臨むことができるよう，心身ともに健康な状態を保つことが大切です。

❹──服装

「服装の乱れは心の乱れ」と言われますが，学校では特に敏感にならなければならないことです。子どもたちの服装だけでなく，私たち教師の服装チェックも必要です。中学校や高等学校では，教科により白衣や作業着，ジャージを

着ることがありますが，男性はネクタイ着用，女性はそれに準じた清楚な服装が基本です。小学校では，子どもたちと活動することが多いため，普段ジャージで過ごすことが多くなります。ただし，通勤途中や研究授業，学校行事の際は適切な服装を心がけましょう。ワイシャツを着てネクタイを締めると，気持ちが引き締まるよさもあります。教師は常に凛とした態度でありたいものです。

5 ――姿勢

皆さんは，町中のショーウィンドウに映る自分の姿を見たことがありますか？ 筆者はふと見た自分の歩き方にショックを覚えたことがあります。首から上をピョコッと前に出して歩いていたのです。それ以来，猫背にならないよう気をつけています。人に不快感や違和感を与えるような動作をしていないかどうか，手振り身振りをチェックしましょう。

教師が身につけるべきスキル

佐藤先生の授業には，目に見えないルールがあるとお話ししました。教師がもつべきスキルと，子どもたちに身につけさせるルールを見ていきましょう。

1 ――発問・指示・説明

授業で教師は子どもたちとさまざまな関わりをします。代表的なものが発問，指示，説明です。この3つの違いがあいまいだと，子どもたちは何をしていいのかわからずに迷ってしまいます。

発問とは，子どもたちの知識を確かめたり，思考を促したりするための問いかけです。問いかけることで自分の頭で考えるきっかけが生まれます。発問には「トマトはくだものですか？」のように一問一答で答える**閉じた発問**と，「くだものと野菜の違いは何だろうか？」のように，さまざまな答えが考えられる**開いた発問**があります。閉じた発問はピンポンのようにさっと投げかけ，まっすぐ打ち返してこられるか（正解かどうか）確かめます。開いた発問では，バレーボールのように子どもたちが投げかけられた球を回す（考えを練り合う）

第9章　魅力ある授業をつくる（1）〜教師の振る舞いの基礎基本〜　103

ところをサポートします。優れた発問とは，ひとつ問うと次から次へと考えが飛び出し，広がっていく中からその時間の本質的な学習内容が見えてくるものです。導入はピンポンのように軽快に，展開ではバレーボール型でじっくり練り合います。もっとも核になる発問を**中心発問**と呼びます。

　指示とは，「〜をノートに書きなさい」「〜を声に出して言いましょう」のように教師から子どもにしてほしい行動を伝えることです。指示を明確にしないと，子どもたちは何をしてよいのかがわからなくなります。「どこに」「何を」書くのか。「いつ」までにその作業を終えるのか，「どのように」まとめるのか，5W1Hが明確な指示を心がけましょう。

　指示の仕方には，話して伝える以外にも，黒板に書く，プリントで配る，掲示するなどの方法があります。授業中の指示は，口頭だけでは伝わらないことや，子どもたちが学習に夢中になっていると，指示を忘れてしまうことがあります。学習の途中で何をしていいかわからなくなり，「先生，どうしたらいいの？」とあちこちから聞かれないように明確な指示を心がけましょう。なお，明確な指示は授業以外の場面でも重要です。朝のホームルームなら，子どもたちが今日何をするべきか，保護者の方へなら「何を・いつまで・どうしてほしいか」はっきり伝えます。

　説明とは，教師が学習内容を子どもによくわかるように伝えることです。知識や技能，考え方を言葉だけでなく，必要に応じて板書や図表，資料などを組み合わせて伝えます。ただし，教師は説明することだけが仕事ではありません。子どもたちが学習目標に到達するために何を説明し，何を考えさせたり練習させたりするべきかの見極めが重要です。

　発問，指示，説明を使い分けるバランスは学習内容によります。言語情報や運動技能を身につけさせる授業では明快な説明と指示，閉じた発問による確認が中心です。知的技能や認知的方略，態度のように頭と心を働かせてじっくり取り組む授業では，考える土台を要領よく説明し，吟味された開いた発問にじっくり向き合わせ，自分の考えをまとめるための指示を明確に行います。

2──板書計画

　教師は黒板にチョークで文字や図を書く（板書）際，思いつきで書いている

わけではありません。事前にイメージ（**板書計画**）をもってから授業に臨みます。教科書の内容をまとめて体系的に示す以外にも，子どもの意見を整理したり，課題分析のように授業内容を構造的に示すなど，板書にはさまざまな役割があります（大西，1987）。

教師が事前に考えたことだけを一方的に整理して伝えるのが板書の役割ではありません。板書計画を練る際には，実際の子どもたちをイメージします。この発問にどんな反応が返ってくるか，子どもの意見をどこで整理し，授業のまとめはどこに書くか。板書を考えることで授業の流れや提示したい資料がイメージできます。

佐藤先生の黒板には，本時の学習のねらいと課題，子どもの考え，そして本時のまとめがうまく整理されています。赤，黄色，白の三色を使って，一目で学習内容がわかる芸術的とも言える黒板です。

なお，誤字脱字や筆順の間違いには注意しましょう。誤字は言うまでもないですが，間違って覚えてしまった筆順には要注意です。筆者も何気なく板書した字の筆順を間違え，子どもから指摘されたことがあります。「おお，ごめんごめん」なんてごまかしていましたが，恥ずかしいことですよね。せめて担当学年より下の漢字はチェックしておきましょう。

3──ノート計画

板書計画と同時に子どものノートを考えることも大切です。子どもたちは，先生が書いた黒板をノートのどこにどのように写しているでしょうか。黒板の字は消えてしまいますが，子どものノートは残ります。授業後に子どもがノートを見て何を学んだのかわからないのでは意味がありません。佐藤先生は，子どもの立場になってノートに板書を写してみました。すると横に長い黒板そのままではノートに合わず，板書を見直すきっかけになったそうです。

ノートは，先生が書いたものを写すだけではなく，自分の考えを書いたり，友だちの考えと比べたり，自分なりにまとめることもあります（ノート創り）。言語情報や知的技能のように，明確な知識やルールを定着させるためには，しっかり写させます。一方で，情報を整理する方法を考えさせる認知的方略を身につけさせたい場面では，ノートの創り方そのものを子どもが考える場面を設けます。

第9章　魅力ある授業をつくる(1)〜教師の振る舞いの基礎基本〜　105

4──机間指導（机間支援）

　授業中に子どもたちの座席を巡ることを**机間指導**（あるいは机間支援）と言います。目的をしっかりともって行わないと，子どもにとってただうろうろしている邪魔な存在になってしまいます。佐藤先生の授業から，机間指導の目的として以下の4点に気づきました。

　①自力解決につながる正答例や誤答例等を探す

　②発表させる前に子どもたちのさまざまな考えをつかむ

　③子どもの理解度を探る

　④支援が必要な子どもたちに補助指導を行う

　佐藤先生は机間指導をしながら「どの子から発表させようか」「板書に何を拾おうか」「補充問題を出した方がよいかな」など考えています。設計した授業を子どもの様子を見ながらその場でアレンジしているのですね。

5──子どもへの言葉がけ

　子どもの発言や，学習活動に対して教師がする言葉がけは，子どもが自分の行動の意味や価値を受け止める上で，大きな影響を与えます。ガニェの9教授事象で言うところの「7．フィードバックをする」です。

　まずは「ほめ上手」になってみましょう。第10章で紹介しますが，子どもたちはほめられることで意欲がわいてきます。「すばらしい！」「すごい！」「すてき！」など，どんな言い方でもかまいませんが，先生の口癖と思われるくらい連発してみましょう。

　次に，具体的にどこがよいのかほめます。発言や書いてある中身がよければそこをほめます。そうでなくても，「大きな声でみんなに伝わるように話してくれたね」「自分の考えをしっかり書いたね」など，態度や学び方，クラスのルールにつながるところをほめることもできます。授業以外の場面で子どもに声をかける際も，「注意する」だけでなく「ほめる」声かけをしてみてください。

　教室は子どもたちがさまざまな失敗を繰り返しながら学習していく場です。子どもたちが失敗を恐れるクラスは，手が挙がらず，他の子どもの顔色を伺う空気が生まれます。子どもたちがチャレンジし，お互いが失敗をしても認め合える関係を築けるように，ほめたり，励ましたりして，応援してみましょう。

子どもに身につけさせたいスキル

1 ── 話す

「先生〜わかんない」「だって○○だもん」といった，単語を並べただけの会話を耳にすることはありませんか？　自分の気持ちや考えを組み立てて話すことが苦手な子どもがいます。実は，子どもたちの話す力を削いでいるのは周りの大人かもしれません。日々の会話の中で，教師や親が子どもの気持ちを察しすぎて，子どもがきちんと意思表示をする前に対応してしまうことがあります。物わかりのよい大人の対応が子どもの話す力を奪っているのです。

それでは，どのようにして正しい話し方を身につけるのでしょうか。授業ではいくつかの型を示し，その型を繰り返し使わせながら身につけていきます。例えば以下のような型を使います。

・「私の考えは……です」と，主語と述語をはっきり言う。
・「次に」「理由は」「もしも」などの言葉を使って，意見なのか説明なのか疑問なのかを明確にして話す。
・「○○さんと同じです」「付け足します」「反対です」など，他の人の意見とのつながりを明確にして話す。

他にも言葉だけで話すのか，ノートやプリントを見せながら話すのかなど，話す形態や伝える手段も考えていろいろな話し方を経験させることも大切です。佐藤先生は，授業で話し方のルールを確認したり，教室に掲示したりするなどさまざまな場面で子どもたちを鍛えています。毎時間の積み重ねが確かな力になっていくことを，長年の経験からわかっているのです。

2 ── 聴く

「話し上手より聞き上手」と言いますが，「聴く」ことのできる子どもは，先生の説明をよく理解できるだけでなく，友だちとの話し合いでも互いが言いっ放しにならずにすみます。

授業を見ていてすぐに気づくのは子どもたちに聴く姿勢があるかどうかです。先生の説明や指示は伝わっているかどうか，他の子どもが発言しているときに

他の子どもたちはその子の意見を聴こうとしているかどうか。佐藤先生はまず最初に，「聴く態度」を指導します。話し手に顔を向け，話し手の目を見て聴くことに集中させます。意識的に聴く態度を取ると，興味がなくても話し手の話が耳に入ってくるものです。次に，話し手が「何を伝えようとしているか」を考えて聴くよう指導します。疑問や質問を考えたり，自分の考えと比較したりできるようになります。短期間では身につきませんが，「自分の考えがちゃんとみんなに届いた！」という経験と「あの子の意見，面白いな！」といった経験を積み重ねられる授業が子どもたちを伸ばしていきます。

❸──話し合う

　子どもたちが自分の考えを伝え合う授業をつくるには，ここまで述べてきたような一人ひとりの話す力，聴く力以外にも，話し合いのルールを集団で共有することが大切です。第11章で詳しく紹介しますが，2〜3人での話し合い，小グループの話し合い，クラス全体の話し合い等，さまざまな形態があります。その基本は授業中に行われるちょっとした練り合いの場面や，朝の会・帰りの会等で意見を出し合う場面で指導します。

　話すときの型として示した，賛成の仕方，反対の仕方に加えて，複数の意見の調整やまとめ方，多数決の仕方，司会の仕方などがあります。話し合いの進め方のマニュアルを用意し，繰り返し経験させることが大切です。

❹──ノート創り

　ノート計画のところでも述べましたが，板書した内容を自分なりに見やすく写すとともに，自分や友だちの考えをまとめ，「マイノート」を作成する力をつけることは，自分で学ぶ力の育成につながります。最近ではノートの創り方について紹介している教科書も出てきました。また，「言語活動」という観点から見てもノート創りは重要視されてきています。まずはじめに子どもの気持ちになってマイノートを自分で創ってみましょう。

❺──学習用具の整理と机上整理

　子どもの机は意外に狭いものです。特に小学校の机はノートと教科書を両方

開いて置くことも難しく,鉛筆や消しゴムを落とす子も出てきます。学習に集中できる環境をつくるためにも,「何を使うのか」「どこに置くのか」「どのように使うのか」といった決まりをつくっておくと,余計なことで集中力を切らすことはありません。教室に掲示するとともに,学習の手引き等で保護者にも周知しておくと,より効果的です。

 学習環境を整える

　最後に教室についても触れておきましょう。教室は子どもたちが学び,生活する空間です。1日の生活の中で過ごす時間がもっとも長いのがホームルームです(大学のように授業ごとに学生が移動する学校は違いますが)。教師からの働きかけは授業以外にも,教室の中に埋め込むこともできます。教室を**学習環境**として工夫する方法を紹介します。

1────掲示物を工夫する

　廊下や教室の背面や側面には,子どもたちの学習成果が見えるものを掲示したいものです。図工で描いた絵や習字の作品だけではなく,漢字の練習や社会科で調べたこともよいでしょう。ただ貼ればいいのではなく,教師のコメントがあると子どもの励みになりますが,自分の指導力を掲示を通して他の教師や保護者に見せることにもなります。作品の善し悪しを子どものせいにする前に,自身の指導力が問われていることに注意しましょう。

　黒板の脇から側面には,学校生活に関する掲示物を掲示します。時間割表,行事予定,朝の会・帰りの会等の次第,日直の仕事,各種当番の順番と仕事等です。話し方や話し合いのルールなど,授業の中で常に意識させたいものを掲示することもあります。これらは,子どもたちが自ら考え動くことができるようにするために掲示します。

2────授業に活かす学習環境

　掲示物以外にも教師が工夫できることはまだまだあります。例えば子どもた

ちの机の配置です。一列に並べるだけでなく，扇形にしたり，コの字型にして子どもたちが互いの顔を見ながら話し合いやすい環境にしているクラスもあります。クラスの図書コーナーにはどんな本を置いたらよいでしょうか。子どもたちが興味をもつものに加えて，総合的な学習の時間で取り組んでいることや，教科の単元と関連する本を置いておくと，新しい単元に入る「伏線」として活用できます。教師の発問に「あの本にのってたよ！」と紹介する子どもが出てくると，授業の幅も広がります。

　文房具はどうでしょうか。定規，コンパスなど教師が指導に使う用具や，鉛筆削り，セロハンテープ，マジックなど子どもが使う用具はいつでも使えるように準備しておきましょう。考えの整理に使える付せん紙や，グループで話し合った結果をまとめる小型のホワイトボードを常備しておいて，子どもたちが自分で必要な道具を選ぶように指導していくと，自分で学び方を工夫する認知的方略の育成につながります。

　さらに最近では，プロジェクタやスクリーン，大型のデジタルテレビや電子黒板といったICT機器が教室に整備されるようになってきました。その効果的な活用は第12章で取り上げますが，後方の子どもにもしっかり見えるように置き場所に配慮します。また，子どもがコードに足をひっかけてしまったり，角にぶつかったりしないよう，安全面の配慮もしておきましょう。

章末問題

1. 次の教師の発言を「発問」「指示」「説明」に分類してみましょう。問題点があれば,指摘してみましょう。
   (a) 隣の人と話し合ってみましょう
   (b) (理科の授業で) 今から実験のやり方を言います
   (c) (国語の授業で) この物語の主人公は誰ですか？
   (d) 自分の考えをノートに書きなさい
   (e) 何か質問はありますか？
2. 教室にあるものをできるだけたくさん挙げてみましょう。それらがどのような役割を果たしているのか話し合ってみましょう。

• • • • • • • • • • • • • • さらに深めるには？ • • • • • • • • • • • • • •

池田修 (2013) 教師になるということ 学陽書房
中学校で国語の教師をされていた著者による教師を目指す学生に向けたテキスト。教師になる方法,必要な資質,学級づくり,授業づくりまで幅広く教師という仕事の魅力が伝わります。

第10章 魅力ある授業をつくる(2)
～学習意欲を高める方法～

　授業で子どもたちの学習意欲を高めるためには，どうしたらよいのでしょうか？　本章では，これまでの学習意欲に関わる心理学研究を統合して教師向けに使いやすい形に整理された ARCS モデルを紹介します。ARCS モデルに従って授業を点検してみましょう。

キーワード　内発・外発的動機づけ，関心・意欲・態度，学習意欲，ARCS モデル，学習意欲デザイン簡略版（点検表）

やってみよう
　これまで受けた授業の中で，やる気の出た授業と出なかった授業をひとつずつ，思い出してみましょう。その授業であなたがやる気が出た（あるいは出なかった）理由を挙げてみましょう。

 動機づけを高める要因

　国際学力調査などによると，日本の子どもたちは成績はよいが勉強が嫌いといった子どもが多いことが指摘されています。観点別評価（第4章）には「**関心・意欲・態度**」の項目が掲げられ，学ぶ意欲を引き出す授業づくりが求められています。学習意欲とはどのようなもので，どのようにしたら引き出すこと

ができるのでしょうか。

「問題が解けるのがうれしくてもっとやってみたい」「試験の前日になって仕方なく頑張った」「地図帳が好きでいつも見ていたらほとんど覚えてしまった」・・・学ぶ意欲のもち方はさまざまです。意欲のことを心理学では「**動機づけ（motivation）**」と呼びます。もっとも基本的な動機づけの分類である，内発と外発の区別を取り上げます。

「次のテストで100点だったら○○を買ってあげよう」「志望校に入りたいならとにかく勉強しなさい」などと保護者や教師から言われることがあります。こうした言葉に促されてもつ意欲は，**外発的動機づけ**に当たります。外発的動機づけは，学習内容そのものから得られる楽しみではなく，学んだ結果に対する賞罰や報酬などの外的な要因によって引き出されます。一方で，**内発的動機づけ**は，「星が好きだからたくさんの星座を覚えた」「毎日夢中になってサッカーをしていたら上達した」といった学ぶ内容や活動そのものから得られる楽しみが要因になって引き出されます。教師は，教師自身が担当教科を好きだったり，面白いと感じていたりする（＝内発的に動機づけられている）からこそ，子どもたちにも意欲をもってほしいと願っています。

「ここは試験に出るぞ」「計算ドリルのできた人からかわいいシールをあげます」などは，教師が用いる外発的な動機づけのよくある例です。外発的動機づけは，報酬や罰がなくなると学習意欲も失われてしまいます。大学入学を目標に受験勉強を頑張り，合格した途端に学ぶ意欲がなくなるといった話と同じです。また，安易に外発的動機づけを用いすぎると，内発的動機づけをもっている学習者の意欲をうばってしまう場合もあります（アンダーマイニング現象；デシ・フラスト，1999）。一方で「よくできたね」などと人に褒められるのも外発的な動機づけですが，言葉による報酬が，内発的な動機づけを高める場合もあります（エンハンシング現象，鹿毛，2012）。

子どもは一人ひとりもっている興味関心が違います。褒められたり，しかられたりといった外的な働きかけに対する反応もさまざまです。生活環境の問題や子ども同士の人間関係が学習意欲の背景にある場合もあります。本章では，授業の範囲内で，できるだけ意欲をもって学習に取り組めるようにするためのID理論を紹介します。

2　ARCS モデル

　アメリカの教育工学者であるジョン・M・ケラーは，動機づけに関する膨大な心理学研究や実践知を統合し，実践者（教師）向けに使いやすい形に整理し，**ARCS モデル**にまとめました。ARCS モデルは，「注意(Attention)」「関連性(Relevance)」「自信（Confidence）」「満足感（Satisfaction）」の４つの頭文字です。つまり，学習意欲の要因を４つに整理したわけです。従来の知見がひとつにまとめられていますから，学習意欲のさまざまな理論を学ぶ前に，まずはARCS モデルで学習意欲を高める方法を身につけてみるのがよいでしょう。

　ARCS の４文字は，学習意欲の流れでもあります（鈴木，1995a）。まず，面白そうだ，何かありそうだという「注意」の側面にひかれます。次に，学習課題が何であるかを知り，やりがいがありそうだ，自分の価値観との関わりが見えてきたという「関連性」の側面に気づきます。学習に意味を見いだしても，達成への可能性が低いと思えば意欲を失います。成功の体験を重ね，それが自分の努力に帰属できれば，やればできるという「自信」の側面が刺激されます。学習を振り返り，努力が実を結び，やってよかったとの「満足感」が得られれば，次の意欲につながっていきます（図10-1）。

　ARCS モデルには，さらに具体的な手法がまとめられています。４つの要因

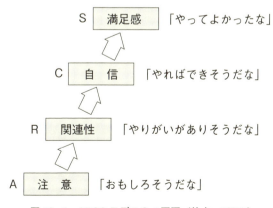

図10-1　ARCS モデルの４要因（鈴木，1995b）

にはそれぞれ３つの下位分類が存在します（鈴木，1995a；ケラー，2010）。下位分類を知ることで，４つの要因の理解が深まるとともに，授業の改善方法を見つけやすくなります（表10-1）。

　注意にまつわる作戦は，学習者の興味をひき，目をパッチリと開けさせること（A-1），不思議さから好奇心を刺激すること（A-2），マンネリを避けて注意を持続させること（A-3）があります。注意の側面が満たされると，学びにすっと入っていける状態になります。逆に注意が散漫だと，情報が耳に入らないことになってしまいます。

　関連性を高める作戦は，努力した結果得られるものが何かを明らかにして，それに努力する価値（意義）を見いださせます（R-1）。たとえ努力の結果として得られたものにやりがいを見いだせなくても，学習活動そのものを楽しませる（R-2）ことで，やりがいを見いださせることもできます。また，授業の内容が「他人事」ではなく，自分に関係が深いことを知ってもらう必要もあります（R-3）。何のために努力しているのかが自分自身で納得できないといけませんから，努力を傾ける対象が自分にとって大切だと思えるか，やりがいがあると思えるかが重要です。

　自信にまつわる作戦には，何ができればよいのかを明確にし，成功への期待感をもたせておくこと（C-1）です。出口が見えなければ，努力をしていても「できた」という実感が得られにくくなります。また，失敗ばかりしていては，自分はできないと思いこみ，努力をしなくなってしまいます。そうならないように，成功の体験を重ねさせること（C-2）も重要です。さらに，できたとしても，先生の指示通りでうまくいったと思ったり，運だと思ったりすれば，自信にはつながりません。自分がいろいろと努力した成果だと思わせること（C-3）が大切になります。

　満足感を高めるための作戦には，努力を無駄に終わらせないこと（S-1）があります。１回だけで二度と使わないようなものには努力はしたくありませんし，それがわかると努力は無駄だったと感じてしまいます。また，教師からの激励や賞賛，クラスの仲間から認められることなど，対人的な関わりの中の満足（S-2）を工夫します。そして，えこひいきがないこと（S-3）です。教師が誰かをひいきしていると思うと，自分が努力することが馬鹿らしく思えてしま

第10章　魅力ある授業をつくる（2）〜学習意欲を高める方法〜──115

表 10 - 1　ARCS モデルの下位分類

（鈴木，1995a；ケラー，2010 を参考。下位分類はケラー，2010 に準拠）

下位分類	学習意欲を高める工夫の例
A-1 知覚的喚起	**学習者の興味をひくために何ができるか？** 驚きのある・物珍しさ（新奇性）のある・ユーモアのある事象を提示する，抽象的ではなく具体的に，図などの視覚的手段を用いる
A-2 探究心の喚起	**どうすれば探究的な態度を引き出せるか？** 好奇心を刺激する，問題の提示や解決への関与，問題を学習者に作成させる，これまでの知識との矛盾を提示，疑問や謎のなげかけ，学習者のなぜを大切にする
A-3 変化性	**どうすれば学習者の注意を維持できるか？** マンネリを避ける，声に抑揚をつける，環境を変える（教室移動），普段と違う授業の組み立て，気分転換をはかる，ダラダラ進めずに時間を区切る
R-1 目的指向性	**どうすれば学習者のニーズを満たすことができるか？** 意義のある目標設定，将来的価値の指摘，今努力することのメリット（有用性や意義）の強調，目的を自分で決めさせる
R-2 動機との一致	**いつどのようにして学習者の学習スタイルや興味と関連づけられるか？** 学習活動自体を楽しませる，友だちとの共同作業，班対抗の競争，ゲーム化，目標達成の手段を自分で選ぶ，安心感や心地よさを与える
R-3 親しみやすさ	**どうすれば学習者の経験と授業を結びつけることができるか？** 親近感の持てる（身近な）例，学習者の関心のある得意分野からの例，これまでの勉強とのつながりの説明，比喩やたとえ話，学習者を名前で呼ぶ
C-1 学習要求	**どうすれば成功の期待感を持つように支援できるか？** ゴールの明示，頑張ればできそうな・高すぎず低すぎないゴール設定，チャレンジ精神の刺激，目標との隔たりの確認，評価基準の提示
C-2 成功の機会	**学習経験がどのように自らの能力に対する信念を高めていくのか？** 一歩ずつでき具合を確かめながら進ませる，リスクなしの練習の機会，失敗から学べる環境，過去の自分との比較による成長の実感，やさしいものから難しいものへ
C-3 コントロール の個人化	**成功の結果を自らの努力と能力によるものと認識できるか？** 自分が努力して成功したという実感を持たせる，個別のペースで，学習者が学習方法を制御できる，勉強のやり方やヒントの提供，選択式ではなく記述式のテスト
S-1 自然な結果	**どうすれば獲得した知識やスキルを活用する機会を提供できるか？** 成果を生かすチャンス（成果活用場面の埋め込み），応用問題への挑戦，設定した目標に基づく成果の確認，学習者同士で教え合う機会の提供
S-2 肯定的な結果	**何が学習者の成功を強化するだろうか？** ほめて認める，教師からの励まし，何らかの報酬を与える，成果の重要性や利用価値の強調，成果を喜び合う仲間づくり，できたことに誇りをもたせる
S-3 公平さ	**どうすれば自らの成果を肯定的にとらえるよう支援できるか？** えこひいきなしの公平感を与える，首尾一貫した授業運営を行う，テストに引っかけ問題を出さない，期待（授業中の約束事）を裏切らない

うからです。

 ## 学習意欲の観点から授業をデザインする

　ARCSモデルは新しく授業をつくるときと，既にある授業を改善するときの両方に活用できます。まずは授業をつくる際の活用法を紹介します。

　もっとも簡単な方法は，授業の設計段階で，表10-1の下位分類を見ながら，取り入れられそうな方法を考えてみることです。授業中の子どもたちの雰囲気を思い浮かべて，例えばもっと自信をつけさせたいと思ったとすると，自信（C）の要因を検討します。「自分たちが努力したからできたという実感を持たせること」（C-3）に着目すれば，授業のまとめの場面で学んだ結果だけではなく，その途中でどんな議論をしたのかや，どんな姿で練習していたのかなどを教師が紹介したり，子どもたちに振り返らせる方法が考えられます。

　学習目標の「関心・意欲・態度」にかかわる部分と関連づけてARCSを使うこともできます。学習目標の5分類（第5章）で言えば「態度」に該当します。例えば，理科で磁石について，その性質を調べる意欲をもつといった目標を取り上げましょう。磁石によってものがくっついたり，はなれたりする現象は，種明かしを最初からしてしまえば「なんだ磁石かぁ」で終わってしまいます。「探究心の喚起」（A-2）の観点から，磁石をどこにどう使っているのか見えないように隠しておいて，どうやったら同じ現象を再現できるか考えさせるのです。あるいは「親しみやすさ」（R-3）の観点から，磁石の性質を使ったおもちゃづくりなどの課題を設定するのもよいでしょう。

　ARCSモデルを活用する際に留意してほしいことは，バランスです。何か新しい手立てを持ち込めば，当然，そのぶん時間もとられます。ARCSすべてを満たそうとあれもこれも取り入れるのではなく，子どもたちの実態，興味関心，学習内容からみて，配慮が必要だと思った場面に着目してください。動機づけの工夫ばかりを意識して学習目標に到達できなくなっては元も子もありません。適切かつ適量な動機づけの方策がよりよい授業づくりにつながります。

第10章　魅力ある授業をつくる（2）〜学習意欲を高める方法〜 117

4 学習意欲の観点から授業を点検する

　次に，既存の授業を点検するための ARCS モデルの使い方を取り上げます。授業で扱う学習課題，学習者の特徴，指導方法，環境（メディアや教材）などに応じて，どの要因を重視すべきか，採用する動機づけ方策はどうすべきかは異なります（鈴木，1995b）。これらの要因を ARCS の観点から点検するために開発されたのが点検表（表10-2）です。「学習意欲デザインの簡略版」（ケラー，2010）とも呼ばれています。点検表を使うことで，学習意欲を高めるために使用する方策が増えすぎてしまったり，子どもたちの実態や，学習環境との特徴と対応しない方策を教える側の好みで使ったりしてしまうことを避けられます。

　点検表を詳しく見ていきましょう。1行目には，学習者の学習意欲に関する特徴を ARCS の観点から記入します。2行目には学習課題がいかに学習者をひきつけるかを記入します。3〜4行目は，指導方法と学習環境（教材等）について期待できる学習者の態度を記入します。その際，記入した内容が授業にとってプラス（+）であるかマイナス（-）であるかを付記します。なお，これらは記入できる部分のみでかまいません。

　5行目には学習意欲の支援がどの程度必要であるのかを，1〜4行目の内容をもとにまとめ，6行目に具体的な方策を記述します。プラスを生かす，マイナスを克服する，両面から考えることができます。具体的な方策を考える際には，表10-1の下位分類がここでも役に立ちます。なお，全体を眺めてみて，対応すべき要因が多いと感じた場合，一番利きそうな要因に着目したり，実施コスト（時間や手間）が低い方策を中心に取り入れます。第2章で紹介したバランスの考え方はここでも有効です。表10-2に示した点検の結論は，関連性は現状維持，注意と満足感については，ある程度の動機づけがなされているので，最小限の動機づけ方策にとどめるということになります。一方で，もっとも問題となっているのが自信です。コンピュータの利用は初心者にはなかなか難しく見えるため，ここに配慮しないと，自信を失い，コンピュータが苦手となってしまう可能性もあります。さらに英語に不安もあるため，二重の問題となっ

表 10-2　学習意欲を検討するための授業づくり点検表（ケラー, 2010 から抜粋・一部変更）

設計要因	テーマ「電子メールを使った英語による国際交流」			
	ARCS カテゴリー			
	注意	関連性	自信	満足感
学習者の特徴	・海外とつながることにピンときていない(−)	・選択科目であり高い関心がある(+)	・タイピングと英会話のスキルが低い(−)	
学習課題	・新しく，魅力的で，冒険的(+)	・将来に役立つ(+)	・難しく見える(−) ・初めて接する(−)	・獲得されるスキルの高い応用性(+)
指導方法	・インターネットで海外とつながる活動は目新しく興味を引く(+)	・コンピュータはネットなしで使ったことがある(+)		・相手からメールを受け取る経験(+)
教材の特徴			・英語の使用(−)	・すべての生徒が参加できるわけではない(−)
概要	・最低限の方策でよい	・現状を維持する	・全体的に自信をつけさせる必要がある	・マイナスの対応に限界があるので，プラス部分を強調する
授業での動機づけ方策	・海外と交流できる機会であることを強調する		・徐々に低い目標から高い目標へとなるようにする ・外国語指導助手とのティームティーチング	・メールによる交流の報告会を校内で実施する

ています。そこで，目標を細分化して段階的に学習を進めるようにし，ティームティーチングを導入することで支援を手厚くするよう工夫しています。このように4つの視点から分析し，必要なところをピンポイントで工夫することが重要です。

5　学ぶ意欲を保ち続けるために

　学習意欲は学びの原動力であり，意欲なしに学びは成り立ちません。教師はいつでも児童・生徒に意欲的に取り組んでほしいと考えていますが，学校では誰もが好きな内容を学べるわけではありません。受身で言われたことだけを

作業のように最低限学んでいくのではなく，いかに主体的に取り組ませるのかも，教師の腕の見せどころです。

　巧みな話術を用いて，授業を盛り上げている先生は素直にすごいと思いますし，魅力的に見えます。しかしどの先生もそのようなことができるわけではありません。子どもたちが意欲的に取り組む授業は，必ずしも名人芸のように話が面白い授業だけではありません。黙々と子どもたちが学んでいるように見える授業であっても，提示された課題に好奇心を刺激されながら，やりがいを感じて，わかったという喜びをかみしめながら，次々と問題に取り組んでいる，そんな授業も魅力的だと思います。授業の中で子どもたちが意欲的に取り組んでいるかどうかは，表面的な雰囲気だけでは見えないこともあります。

　「子どもたちが主体的に学ぶ授業をつくりたい」と話す教師は，子どもたちにどのような姿を期待しているのでしょうか。授業の時間だけ活き活きと学び，授業が終わってしまったら学びたくなくなってしまうような姿ではないはずです。ARCS モデルは学習者自身が主体的に学びを進める上でも役に立ちます。学習者が自分で自身の学習過程や学習意欲の問題に ARCS モデルを適用してみるということです。例えば，読者の皆さんが本章を読んで，ARCS モデルは役に立ちそうだけど難しそうだなと思ったとしましょう。本章は C（自信）をつける面で問題のある教材だったといえます。その上で，皆さんが自分で自信の不足を補うにはどうすればよいか考えてみてください。ID 理論は教師にとっての道具箱であるだけでなく，子どもたちにも教師の「手の内」を見せていくことで，自分で学習意欲を高め，学び続ける姿に近づくための道具箱にもなるのです。

章末問題

1. 次の動機づけの方法は ARCS モデルのどの分類にあてはまるでしょうか？ 表10-1の下位分類の名称で答えましょう。
  (a) 社会：話題になっているニュースと関連づけた学習課題を出す
  (b) 国語：作文を相互評価させ，良いところや改善点を指摘しあう
  (c) 理科：授業の導入で理科室では見せられない実験の映像を見せた
  (d) 体育：高さの違う跳び箱を用意し，選んで挑戦させる
2. 自分が行っている（あるいは受けている）授業をひとつ取り上げ，表10-2の点検表を用いて分析し，作成した表を提示しながら，どのように学習意欲を高めていくべきかを説明してください。

•••••••••••••••• さらに深めるには？ ••••••••••••••••

J. M. ケラー／鈴木克明（監訳）(2010) 学習意欲をデザインする―ARCS モデルによるインストラクショナルデザイン― 北大路書房
本章で取り上げた ARCS モデルについてさらに詳しく解説されています。背景にある学習意欲をめぐる心理学研究についても紹介されています。

第11章 魅力ある授業をつくる(3)
～協同的な学びをデザインする～

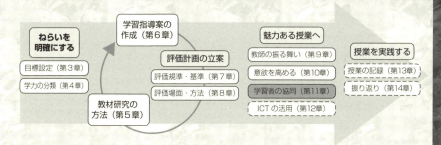

　子どもたちが話し合ったり，一緒に活動する協同的な授業をつくるにはどうしたらよいのでしょうか。協同学習をつくる上での「学び」の考え方を解説し，ペア，グループ，クラス全体での話し合いや活動の仕方を紹介します。

社会的構成主義，発達の最近接領域，活動理論，ペア学習，ジグソー学習，6色ハット法，ディベート，ワークショップ，プロジェクト学習，ファシリテーター

やってみよう

　「朝ご飯はパン派か，ご飯派か？」「旅行に行きたいところをみんなで決める」など何かテーマをひとつ決めて，3分間，3～4人のグループで討議してみましょう。討議したあとに，どんなことを考えながら話したか，お互いの役割，他の人の意見をどう受け止めたかなどを振り返ってみましょう。

 三人寄れば……

　本を読む，練習問題を解くなど，学習活動には一人でできることもあれば，意見の異なる人と議論を戦わせたり，プレゼンテーションをしたり，理科の実

験を分担してするなど，一人ではできない場面も少なくありません。「三人寄れば文殊の知恵」「三本の矢」と言われるように，一人だけで取り組むよりも力を合わせた方がよりよい成果を期待できることがあります。ところが実際には，「みんなで考えよう」と言いながら，全員が意見を言うとは限りません。それぞれに意見を言っていても，互いの意見を聞き，つなげることがなければ話し合いにはならないでしょう。役割分担したつもりが何もしていない子がいる，といった状況は誰もが経験したことがあるのではないでしょうか。

　授業はコミュニケーションの場です。教師と何十人かの子どもたちの関わり合いは，どれだけ緻密に指導案を考えて臨んでも，一人の子どもの発言で授業の流れが大きく左右されてしまうことがあります。ましてやグループでの話し合いや，子どもたちの間で役割分担をするとなると，子どもたちのコミュニケーションが学習につながるように教師は上手に立ち回らなければなりません。子どもへの指示の仕方，教材の準備などあらゆる面を，講義のような一斉指導の場面とは異なった視点でデザインすることが求められます。

　教室の子どもたちは多様です。もっている知識や経験，興味や関心，得意・不得手なこと，すべてが一人ひとり違います。子どもたちに知識を確実に伝えるには，これらの差をできるだけ解消するか，とことんつき合って，全員が同じところまで学べるような努力が教師には必要です。例えば**習熟度別授業**は，学習者間のギャップを埋める方策のひとつですが，個別学習を徹底することと方向性は似ています。コミュニケーションの場としての教室は，子どもたち一人ひとりの違いを活かす空間です。子どもたちの話し合いを深めるためにできること，子どもたちが主体となって学習に取り組むような授業をつくるための工夫を見ていきましょう。

 社会的構成主義の考え方

　企業で働く人や地域行事に携わる人のことを考えてみましょう。彼らは一人ひとり個別バラバラに仕事をしているでしょうか。企業ならマーケティング，商品企画，開発，営業，サポートなどさまざまな部署が連携することで，企業

第11章　魅力ある授業をつくる（3）〜協同的な学びをデザインする〜 123

の活動が成立します。営業の中でも，小売り担当，官公庁担当，地域ごとの担当など分かれていても，それぞれに得た情報を共有し合うことで，全体としてよりよい業績につながります。地域でバザーを開くなら，日程の調整，場所の確保，出品者の募集，宣伝など，一人でやれなくはありませんが，みんなで相談しながらやらないと，誰も集まらず寂しい思いをすることになるかもしれません。企業や地域社会で行われるさまざまな「仕事」は，そこに携わる人の分業とコミュニケーションに支えられているとみなすことができるでしょう。

　それでは学校はどのような場でしょうか。休み時間には友だちとおしゃべりもしますし，運動会はチーム競技もたくさんあります。授業では話し合いは大切にされますが，それでもノートをとったりテストを受けるときは一人で取り組み，成績は一人ひとり個別につけられます。企業では部署をまたいだ横のコミュニケーションが大事と言われますが，テスト中に教え合うことはできません。それぞれが得意なことを活かすのではなく，全員が同じことを同じタイミングで学びます。社会と学校には別のルールが働いているようです。

　学校教育を実社会と同じように子どもたちの協同の場にしようとした試みは19世紀末にさかのぼります。アメリカの教育学者，デューイ（1899）は，子どもたちが協同して活動に取り組む中で科学的な知識や歴史を学ぶカリキュラムを構想し，自ら設立した実験学校で実践を試みました。ロシアでは心理学者のヴィゴツキー（2001）が，子どもの発達を他者とのコミュニケーションを自分のものにする（内化）プロセスと考えました。「**発達の最近接領域**」は，一人でできるレベルと他者の手助けを得てできることとの間にあり，この領域に着目した教育を行う重要性を説いたのです。

　近年，このような他者との関わりの中で学ぶ考え方が再び見直されてきています。世の中が複雑化し，知識やスキルを身につけるだけでなく，他者とコミュニケーションしながら問題を解決できるような力が求められるようになったからです。第6章で紹介したガニェの9教授事象は，構成主義の考え方に根ざしています。学習者はバラバラの知識を頭に詰め込むのではなく，学習者がそれまでに学習した知識や考え方と新たに出会った知識とをつなぎ合わせることで，自分なりの理解をつくり上げていきます。本章では「**社会的構成主義**」の考え方に基づく，授業デザインの方法を紹介します。社会的構成主義では，構成主

義をベースにしながら，学習の社会的な文脈，例えば周りにいる他者とのコミュニケーションや，文化的な背景に着目します。つまり，9教授事象の言い方を使うと「6．練習の機会を設ける」をグループで取り組んだり，「7．フィードバックをする」や「8．学習の成果を評価する」を他の子どもたちから与えることで，子ども同士のつながりを意識する視点から指導方法をとらえ直すことを意味します。

　社会的構成主義の学習理論のひとつであるエンゲストローム（1999）の**活動理論**を紹介しましょう。図11-1のように主体（学習者）は，学習対象に働きかける際，三角形の上部にあるワークシートやノート，あるいはICT機器などの道具を使って問題解決にあたります。三角形の下部の部分が他者との関わりです。他の学習者と意見を交流する場面では，話し合いの「ルール」を共有することでスムーズに話し合うことができます。一緒に活動するには，役割分担を考えて「分業」することになるでしょう。こうしてさまざまな他者とともに学び合う「共同体」を築きながら学習課題に取り組んでいくのが活動理論の考え方です。授業をデザインする教師は，このそれぞれの視点から学習者の活動の仕方や，それを支援する道具立てを点検することで，意味のある話し合いや活動を授業に取り入れることができます。図中には，構成要素それぞれを特に意識した指導法として本章で紹介するものを書き入れてあります。一つひとつの指導法が子どもたちの協同をどのように促したり，支えたりしているのか

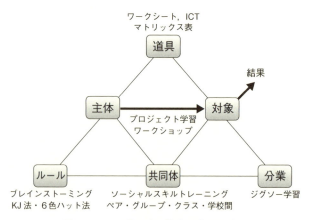

図11-1　活動理論の構成要素と指導法

考えてみてください。

3 グループで学び合う

1 ペア活動を取り入れる

　他者とのコミュニケーションの最小単位は2人，いわゆるペアの関係です。「隣の人と話し合ってみましょう」と教師が授業の中で呼びかける場面はたくさんあります。一方的な講義にならないための方策のひとつであり，クラス全体に討議を呼びかけてもなかなか発言が出ないといった状況を回避するためにも有効です。ところが実際にはペアの活動を通して必要な事柄をしっかり学ばせるのはなかなか容易ではありません。クラスに40人いれば20ペアをつくることになります。20ペアの様子を教師がすべて把握して，適切なアドバイスを与えることはできるでしょうか。あるペアは何を話し合えばいいのか把握していないかもしれません。他のペアでは話が脱線してしまい，戻れなくなっているかもしれません。ペアの間で知識や関心に差がありすぎて話がかみ合わないケースも考えられます。結局，一人でじっくり考えた方がよかったと言われてしまったらそのペア学習は失敗です。ペア学習を成立させるためのコツを9教授事象に照らして整理してみます。

　ペアと個別で学習する場合の大きな違いは前提条件の差の扱いです（3．前提条件を確認する）。互いが前提条件をどの程度理解しているのか把握しないままにペア活動が始まると，それぞれに意見を言うだけで，適切な助言ができ

ない可能性があります。例えば社会科の歴史の授業で江戸時代の鎖国政策について話し合う場面を考えてみましょう。当時の国内情勢や外国とどんなつながりがあったのか，鎖国の政策はどのようなものだったのか，前提になる知識がないと話し合いは成立しません。対処方法として共通体験をすることが挙げられます。歴史に関する映像資料をみんなで見る，教科書の流れをクラス全体で確認するなど，話し合うベースをつくってからペア活動に入るのです。

次に，「5. 学習の指針を与える」についてです。ペアで活動した結果をどうまとめ，クラス全体でどのように共有するのか。子どもたちに見通しがないとどう話し合えばいいのか，その結果をどう整理すればよいのかわからなくなってしまいます。**ワークシート**等を用意して，相手から聞いたことや，自分の考えについてのコメントを書かせる，共通点や相違点を見つけ出してまとめる欄をつくるなど，ペア活動から何を学ばせたいのかをワークシートの中に仕組んでおくとよいでしょう。

2──グループで活動する

それでは3人以上のグループの場面ではどうでしょうか。グループのサイズとしては，4人から多くても6人程度が適当と言われています。多すぎると話に参加できない子が出てきたり，まかせきりにしてしまったり，主張の強い子どもが意見を押し通したりして，話し合いが成立しないことがあります。一般的にクラスの中ではグループがつくってあることが多いと思います（**生活班**と呼ばれたりします）。授業の中でグループ活動をするのにもっとも簡単なのはこの生活班をそのまま活かす場合です。ただし，ペアのときと同様に，前提条件や学習の指針の示し方には注意が必要です。

もうひとつ大事な点として役割分担をどう考えるかです。3人以上で話し合う場合には，誰が仕切るのか，経過をどう記録するのか，誰がクラス全体に報告するのかなど，役割を決めておくことで，全員が参加しやすくなります。ただし，毎回，同じ人が同じ役割にならないよう，司会の進め方や記録の仕方をマニュアル化しておくなどして，誰もが取り組めるようにしておくとよいでしょう。話し合いのルールをクラスの文化として共有しているクラスでは，どんな教科でもスムーズに話し合いを進めることができます。

話し合いをするメリットは，子どもたちの多様な考えを交流できることです。9教授事象で言えば「7．フィードバックをする」を教師ではなく他の児童が与えることになります。一人では思いつかないことも，他の人の意見から新しい発見をしたり，他の人に説明をすることで自分の考えが整理されることもあります。ただし，課題によってはなかなか広がりのある答えが期待できなかったり，問題が多岐に渡りすぎて考える対象をしぼりづらいこともあります。

アロンソン（1986）の考案した「**ジグソー学習**」では，学習課題をいくつかに分け，もとのグループから1～2名ずつ，それぞれの学習課題ごとのチームを新たにつくり，取り組ませます。課題が終わったらもとのグループに戻り，学んだことを報告し合い，ひとつの大きなテーマにせまる結論を導き出すために全員で話し合います（図11-2）。前提条件をあえてずらすことで，話し合いを活性化させる方法と言うこともできるでしょう。

話し合いを効率よく進める方法には，デ・ボノ（1986）の考案した「**6色ハット法**」があります。「赤」は感情的な意見，「緑」は解決策というように，色ごとに意見の種類が決められています（表11-1）。この色を司会の人が決められた順番に提示して，その色の場面ではそれ以外の意見は出さないようにすることで，話し合いが途中でひっくり返ることや，全員が納得する結論に至らないことを防ぎます。

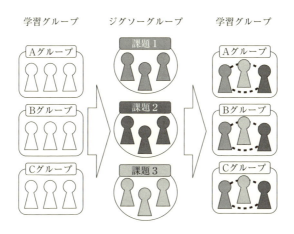

図11-2　ジグソー学習の組み合わせ方

表11-1　6色ハット法

緑	問題を克服する新しいアイデアや代替案を自由に発想する
赤	感情的な好き嫌い，賛成・反対，直感的な意見を言い合う
白	客観的な事実やデータを確認する
黄	プラス思考で肯定的な意見を言う。利点や良いところを指摘する
黒	考えられる懸念やリスク，反対意見を出し合う
青	意見を集約し，結果をまとめる

　総合的な学習の時間で調べたいことをできるだけたくさん出し合う場面や，漢字で同じ部首をもつものを出し合う場面など，グループ活動はアイデアを広げる場面にも有効です。**ブレインストーミング法**では，他の人の考えを批判したりせずにとにかく思いついたアイデアを出していきます。付せん紙やカードを使って思いついたことをまず個別に書かせてから出し合ってもよいでしょう。グループでカードの中から似たものを整理していくと，アイデアをしぼり込んで，問題の構造を見つけ出していくことができます。このように出し合ったアイデアをグルーピングして意味づけをする方法は**KJ法**（川喜田，1967）と呼ばれています。

　グループの活動は，メンバーの役割や進め方，ワークシートや付せんなどの道具をどうデザインするかで，学習の成果が大きく変わってくると言えます。できるだけさまざまな手法を「引き出し」としてもっていて，学習課題の質や子どもたちの状況に合わせて授業に取り入れられると，授業の幅がぐんと広がります。

クラス全体で学び合う

　いよいよクラス全体での取り組みの話に進みましょう。教師が発問を投げかけ，子どもたちが活発に意見を述べ合い，教師は黒板に子どもたちの意見を上手に構造化していく……といった授業で問われる教師の授業力については第9章で取り上げました。ここではもう少し別の視点から，子どもたちのクラス

第11章　魅力ある授業をつくる（３）〜協同的な学びをデザインする〜　129

全体の話し合いを見ていきましょう。

　子どもたちはクラスの中で素直に自分の考えを言い合えるでしょうか。ペアやグループと違って聞き手が大勢になる場面では，恥ずかしがったり，自分の意見がどう受け止められるか不安になったりします。何でも言い合える関係づくりは学級経営として大事にしたいところですが，話し方，聴き方のルールを指導していくことで，どう話したらいいのかわからない不安を取り除くことができます。意見のあとに理由を述べる，「○○さんの意見に付け足しです」「○○さんの意見と違って……」など他の人の意見とつなげて発言することも「型」としてまずは指導しておきます。教師は，単に受け止めるだけでなく「どうしてそう思ったの？」「○○さんはこう言ってたけど，あなたの意見はそれと同じ？」などフィードバックを積み重ねていきます（７．フィードバックをする）。子どもたちは教師のフィードバックを次第に内面化して，自分の意見を組み立てられるように成長していきます。

　もうひとつの視点は，テーマの投げかけ方です。話し合いが活発になるためには，「愛知県は何地方ですか？」のように答えがひとつに決まっている発問（閉じた発問）よりも，「愛知県は何が有名ですか？」のように，さまざまな答えが考えられる開いた発問が適しています。ただ，これでは多様な意見がバラバラに出てくるだけです。「愛知県の特産品のひとつをモデルにマスコットキャラクターを考えよう」であれば，さまざまな特産品を出し合った中から，どの特産品が愛知県を代表するにふさわしいのか，生産量や他の地域と比べた独自性，特産品にまつわるイベントなどいろいろな観点から考えることができます。黒板には観点を整理して**マトリックス表**（表11-2）のように整理すると，どの特産品がもっともふさわしいのか，話し合いが深まるにつれて見えてくるはずです。「朝ご飯はパン派か，ご飯派か？」のように**ディベート形式**で投げかけるのも，理由がさまざまに考えられるテーマであれば有効です。第５章で取

表11-2　マトリックス表

特産品	①生産量	②独自性	③イベント
きしめん		平たい麺が独特	○○祭り
名古屋コーチン		長期間で育てる	
メロン	全国○位		

り上げた課題分析の手法を用いて，教材にどんな広がりがあるのかを見極めながら投げかける視点を考えていくとよいでしょう。

　授業として組み立てていく場面では，ペアの話し合いやグループ活動を全体での討議の前に設定することもできます。算数の授業で複雑な形をした図形の面積の求め方（知的技能の学習目標に相当します）を考えてみましょう。問題を提示（4．新しい事項を提示する）したあと，まずは個別に考える時間を与えます（6．練習の機会を設ける）。次にグループでどんな解き方があるのか出し合い（7．フィードバックをする），最後にクラス全体で紹介し合う（9．保持と転移を高める）ことで，どのような解き方があるのか確かめていく流れができてきます。ここで注意したいのは，それぞれの活動で何を期待するのか明確にし，手だてを用意しておくことです（5．学習の指針を与える）。個別に考えると言っても自分の考えがもてない子どもにどのような支援をするのか，グループで話し合った結果は，たくさんの解き方を並べてまとめるのか，この解き方がいい，というところまで話し合うのか（認知的方略レベルの学習目標になるでしょう），クラス全体ではすべてのグループが発表するのか，教師が机間指導するところでピックアップするグループを決めておくのか，解き方を比べる視点としてどんな視点をもたせるべきか，などです。

　クラス全体の話し合いのさらに大きな単位として，他校の児童・生徒と交流する場面も考えられます。**学校間交流学習**（稲垣，2004）と呼ばれています。1クラスの人数が数名といった小規模校では子どもたちの関わり合いが固定的な関係になりがちです。他校の同年代の子どもと交流することで，人間関係が広がり，多様な考えに出合うことができます。小規模校でなくとも，離れた地域の学校と気候や文化について交流することは理科や社会科の学習にもつながります。海外の学校とつなぐことができれば，異文化理解や外国語学習の絶好の機会にもなります。

5 活動を中心とした授業をつくる
〜ワークショップとプロジェクト学習〜

　ここまで，話し合いを中心に学習者の協同を支援する方法を検討してきました。学習者がさらに主体になる授業として，2つの方法を紹介しましょう。

　ひとつ目は**ワークショップ**の導入です。ワークショップとはもともとは「仕事場」「作業場」といった意味の言葉です。「社会的構成主義の考え方」の節で触れたように，実社会の学びと同じように学習者が協同して問題解決に取り組んだり，一緒に作品をつくったりする授業形態を指します。活動の仕方としては，ここまで紹介してきた小グループの話し合いやKJ法以外にも，**ソーシャルスキルトレーニング**（リバーマン，1990）のように，ペアや小グループでコミュニケーションの仕方の模擬体験をするなどさまざまです。ワークショップと特別な名前をつけなくても，理科の実験，英語でのペア活動，図画工作や美術の時間，体育など講義形式ではない授業にはワークショップ的な要素が含まれています。授業以外にも研究授業後の検討会でも用いられていますし（165ページ参照），学校外ではアートや企業の研修などでも幅広く取り入れられている方法です。

　ワークショップは一般的な講義形式と違って，学習者が互いの意見を出し合ったりすることで新しい気づきを促す，活動中心の授業です。したがって，言語情報や知的技能の確実な習得をめざすような学習目標には向いていません。むしろ，グループで気づいたことを出し合って整理する流れは問題解決のプロセスとして認知的方略の学習に向いています。他にも道徳の授業などで互いの気持ちを引き出すことで態度の形成に活かせます。ロールプレイや制作活動を中心にした授業では，運動技能に関する学習に適用できるでしょう。いずれにしても学習者はワークショップに取り組むことに集中していますから，教師は適切なコメントを返したり（7．フィードバックをする），まとめの場面では子どもたちから感想や気づいたことを引き出しながら，どんな学習をしたのかまとめをする（9．保持と転移を高める）ことで，授業の目標を確かなものにしていきます。

学習者の活動を中心にした授業を一時間単位ではなく，長期にわたって行う方法として**プロジェクト学習**があります。プロジェクト学習では，子どもたちが学習課題を設定し，情報を集め，わかったことをまとめ，発表するといった流れが一般的で，総合的な学習の時間によく用いられる方法です。歴史的にはデューイの教育論の流れを受けたキルパトリックが20世紀初頭に提案した**プロジェクトメソッド**にさかのぼります。学習者にとって追究しがいのあるテーマを投げかけ，本やインターネットで調べたり，実際に調査や実験をして確かめたり，学校外の専門家にインタビューをしたりすることで子どもたちは探究活動に取り組んでいきます。第4章で紹介した習得—活用—探究の3つの段階で言えば探究段階に相当します。田中（2001）は総合的な学習の時間におけるプロジェクト学習を以下の6つに整理しています。

- 調査研究型：環境，福祉，平和などテーマを決めて文献や調査した結果を発表する
- 総合表現：劇や映画，Webサイトなどの制作・公開をゴールとして企画を立てて取り組む
- 社会参加：ボランティアや職場体験など実社会と関わる体験を通して学ぶ
- 企画実践：国際交流や環境問題についてのイベントを企画し，運営の仕方を含めて子どもたちが取り組む
- 共同交流：国内あるいは海外の学校とインターネットを使って情報交換や交流を行う
- 自己形成：自分たちの町の将来イメージを提案したり，将来の職業や生き方を考える

プロジェクト学習ではどのような学習課題が学べるでしょうか。自らの課題意識のもとに自分で本やインターネットを使って調べた知識は，教師に教えられるよりしっかり身につくかもしれません。プロジェクト学習では一つひとつの授業時間は先ほどのワークショップのように子どもたちの活動が中心ですから，認知的方略や態度，運動技能に関する学習が多くなる傾向になります。子どもたち自身がプロジェクトを遂行すること全体に目を向けてみましょう。未知の問題に対して計画を立てて取り組んでいく問題解決能力や，地域の人や他校の友だちとの関わりを通して身につけるコミュニケーション力は，一時間ご

とに区切られた教科学習ではなかなか育たない力です。子どもたちが課題に正面から向き合い、追究を深めるために何ができるのかを考え、自らの学習過程をポートフォリオなどを用いて振り返ることで、広範囲の認知的方略を高めていくことが期待できます。

6 ファシリテーターとしての教師

　協同的な学びをデザインするためのポイントとして、ペア、グループ、クラス全体と3つのレベルでの話し合いや子どもたちが主体で活動を進める際の留意点を紹介してきました。ガニェの9教授事象では、子どもたちに何をつかませるための場面かを明確にすることができますが、具体的に他の子どもとの関わりをどのようにデザインすればよいのかまでは述べられていません。協同学習では、他の学習者と相互に意見を交流し合い、役割分担や分業を考え、ルールを共有しながら学習を進めていきます。教師は、学習内容に加えて、学習者の活動の仕方や、それを支援する道具立て、学習者が参加する共同体の構成を点検します。教師は、授業を設計するデザイナーであり、教室で授業を進める指導者であると同時に、子どもたちのコミュニケーションを促す**ファシリテーター**でもあるのです。

章末問題

1. 次の指導法に対応する学習者の活動の様子にあてはまるものを語群の中から選びましょう。
   (a) ジグソー法　(b) 学校間交流学習　(c) プロジェクト学習
   (d) ブレインストーミング　(e) ワークショップ
   　(ア) 思いついたことをお互い否定せずに出し合う
   　(イ) 長期間, チームを組んで課題解決に取り組む
   　(ウ) 離れた地域の学校の児童・生徒と学び合う
   　(エ) 課題を複数用意し, グループを組み換え学び合う
   　(オ) 参加・体験的な活動を通じて学び合う
2. ゼミ, アルバイト, 部活動など, あなたが参加している共同体をひとつ取り上げてみましょう。図11-1の活動理論の図にあてはめて, どのようにあなたは活動しているのか, 説明してください。

・・・・・・・・・・・・・・・さらに深めるには？・・・・・・・・・・・・・・

杉江修治（2011）協同学習入門—基本の理解と51の方法— ナカニシヤ出版
　グループ学習＝協同学習ではなく, 子どもに主体的・自律的な学力をつけるための協同学習の考え方と具体的な指導方法が解説されています。

第12章 魅力ある授業をつくる(4)
~情報社会に適応する~

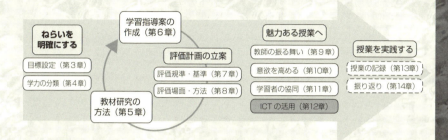

電子黒板，タブレットなど授業の効果・効率を高めるデジタル機器が教育現場に続々と投入されています。情報社会ならではの指導・学習の改善方法を考えてみましょう。

キーワード　教育の情報化，ICT活用指導力，コンテンツ，情報教育，情報モラル，ブラソンの情報技術モデル

やってみよう

「情報社会」と聞いて思い浮かべるものをリストアップしてみましょう。それらが教育現場に与えるプラスの面，マイナスの面について話し合ってみましょう。

1. 社会の情報化と教育の情報化

「情報社会」と聞いてどんなことを思い浮かべますか？　パソコン，携帯電話などの情報機器は私たちの生活を便利にしてくれる反面，テレビやインターネットからの大量の情報に振り回されることや，ネット犯罪や子どもたちの携帯電話をめぐるトラブルなどの問題もあります。教育分野でも情報化の進展は

目覚ましいものがあります。教師が黒板に板書し，子どもが鉛筆でノートをとる授業は100年足らずの歴史しかありません。次の100年まではわかりませんが，この先10年をイメージするだけでも教室環境や授業は大きく変わる可能性があります。まずは情報化のメリットを授業にどう活かすのか考えてみましょう。

近年，教師の指導力のひとつとして「ICT活用指導力」を身につけることが求められています。ICTとは"Information and Communication Technology"の略で「情報コミュニケーション技術（または情報通信技術）」と訳します。パソコンやインターネット，実物投影機やデジタルカメラ，プロジェクタ，デジタルテレビなどの機器を授業で活用し，教師と子どもたちの，あるいは子どもたち同士のコミュニケーションを改善することです。

ICT活用指導力には，図12-1のように教師の活用（図B）と子どもたちの活用を指導する面（図C）があります。それ以外にも情報社会のトラブルに対応する力を育てる情報モラルに関する指導（図D），成績処理など校務での活用（図E），授業の準備での活用（図A）などが含まれます。学校で行われる仕事全体をICTを用いて効果的・効率的にしていくことを**教育の情報化**と呼びます（文部科学省，2010）。本章では特に授業を中心とした指導・学習場面

図12-1　教員のICT活用指導力（文部科学省，2007）

での活用について取り上げます。

ICT 活用の実際

　ICT を活用するメリットは，興味関心を引いて授業の**魅力を高める**だけでなく，効率や効果を改善できることです。「百聞は一見にしかず」の言葉通り，口頭の説明よりも映像で短時間に伝えられると，より多くの課題や高度な学習に時間をあてることができます（**効率の改善**）。一度の指導で確実にできるようになる，あるいは7割の子どもしか理解していなかった説明が9割の子どもに伝われば，クラス全体の学力向上に直結します（**効果の改善**）。効率・効果・魅力，ID がめざすよりよい授業の基本をグレードアップするのが ICT 活用です。

❶──提示機器で大きく映す

　もっともシンプルな ICT 活用は，プロジェクタやデジタルテレビなどの提示機器と実物投影機（書画カメラとも言います）の組み合わせです。**実物投影機**は，資料を大きく映し出すことができます。「教科書の○ページの右上の図を見てください」と教師が指示をしたときに，どのくらいの子どもが確実に見

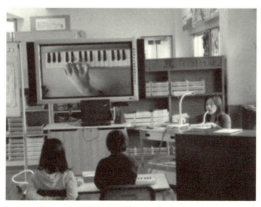
図12-2　実物投影機で運動技能を教える

ているでしょうか。実物投影機で該当ページを大きく映せば，子どもたちの視線を一瞬で集められます（**視線集中の効果**）。以前は，拡大印刷などで事前に準備していましたが，これなら授業に合わせて必要なものを即座に大きく見せられます。

　文具・器具などを大きく映すのも効果的です。算数なら定規や分度器，理科では実験器具，図工なら絵の具をのせるパレットなど，大きく映せばみんなに伝わります。具体的な操作を伝えられるため，運動技能を学習する際，ガニェの9教授事象で言えば「4. 新しい事項を提示する」に最適です。

　自分の考えを書いたノートやワークシートを子どもが実物投影機で提示する場面を考えてみましょう。言葉だけの説明では他の子どもたちが十分に理解できなかったり，黒板に書かせていては時間がかかっていたりしたのが，すぐに映し出せることで，子どもたちの考え方を共有し，深めていくことができます。9教授事象にあてはめれば，より多くの子どもたちに「6. 練習の機会を設ける」を増やすことや，「7. フィードバックをする」方法と言えます。

2──カメラで実体験を教材化する

　「ICT 機器ばかり使わないで実体験が大切」と言われることがあります。実は，ICT を使えば実体験をより深く理解することができます。**デジタルカメラやビデオカメラ，タブレット**のカメラ機能に着目してみましょう。

　修学旅行や社会科見学など，学校外で見てきたことを振り返る場面では，写真やビデオによる記録が手がかりになります。教師の説明や，子どもたちがプレゼンテーションを作成する素材にもなります。体育ではマット運動や跳び箱のように，体の動きが自分では見えないものをカメラで撮影しておけば，映像を見ながら確かめることができます。タブレットなら，その場で再生して教師が指導することもできますし，友だちからアドバイスを受ける際にも活用できます。「7. フィードバックをする」を高める工夫です。国語のスピーチや音楽の演奏にも使えます。カメラ活用のポイントは，撮影する視点を明確にもつことです。理科の実験や観察では，実験の前後や観察の経過を比較しやすいように一部をズームする，同じ角度から撮影するといった工夫が考えられます。

　図12-3はスーパーマーケットの様子です。この写真からどんなことを気づ

図12-3 写真から気づきを促す

かせたいかわかりますか？

3──デジタルならではの教材を活用する

　ICTを活用しないと見せられない映像や資料があります。ネット上で配布されているものや，市販されている教材を**デジタルコンテンツ**と呼びます。

(A) デジタル教科書

　デジタル教科書は，教科書の内容をそのまま拡大提示できます。教科書会社によっては，紙面にはない映像資料やアニメーション教材を利用できます。教師が提示するだけでなく，子どもたちがタブレットなどの端末を教科書代わりに活用する取り組みも世界各国で始まっています。

図12-4 デジタル教科書による提示

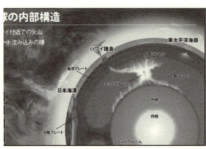

出典元：科学技術振興機構「理科ねっとわーく」
より許可を得て掲載

図12-5　アニメーション教材・フラッシュ型教材の例

(B) アニメーション・シミュレーション教材

　数学で図形を回転させたり，理科で天体の動きを見せるなど，動きを伝えるときには，**アニメーション**が役立ちます。科学技術振興機構の「理科ねっとわーく」（http://www.rikanet.jst.go.jp/）には，CGを用いたアニメーション動画や静止画による解説だけでなく，実際に動かすことができる**シミュレーション型**の教材も用意されています。

　教師自身で作成できる簡易なアニメーション教材として**フラッシュ型教材**があります。式の計算，漢字の読み，地図記号などのスライドをプレゼンテーションソフトで作ります。それをテンポよく連続して提示して，子どもたちに一斉に答えさせるものです。前時までの復習（「3．前提条件を確認する」）に用いますが，一問一答の言語情報の学習の定着に役立ちます。

(C) 映像教材

　子どもたちが実際に体験できないことも映像で伝えられる場合があります（**代理経験**と言います）。社会科で外国の暮らしや江戸時代の町の様子を知る場面や，理科で教室ではできない大規模な実験や珍しい生き物の生態を見るには映像が適しています（江戸時代はもちろん再現ドラマですが…）。NHKの**学校放送番組**は，教室にICT環境が導入される前から社会や理科，そして道徳で心に訴えかけるドラマなどの番組を提供しています。インターネット上で放送済みの番組を視聴できるだけでなく，1〜2分程度の短い動画クリップやアニメーション教材，教師用のワークシート集なども入手することができます

第12章　魅力ある授業をつくる(4)〜情報社会に適応する〜　　141

図12-6　番組映像を授業に取り入れる

(http://www.nhk.or.jp/school/)。

　インターネット上には無数のコンテンツがあります。教材研究の幅が無限に広がったとも言えるでしょう。教科書とにらめっこするだけの教材研究から一歩踏み出して，学習目標の達成に役立つ教材を幅広く検討してみましょう。

4 ── 「授業」の枠を超える ICT 活用

　ICT 機器は，授業時間だけの活用にとどまりません。教室に教師と子どもたちが集まり，決められた時間に決められたことを学ぶ，現在の学校教育の基本的な形ができ上がったのは19世紀のことです。多くの人々がデジタル機器を持ち歩き，インターネットにつながることが当たり前となった21世紀の現代ならではの方法で，子どもたちの学びを支援する方法もあります。

　タブレットなどの個人用の情報端末は，**個別学習**に使うことができます。一人ひとりの興味関心や学習進度，理解度などの個人差に対応する教材をコンピュータ上で提供する教育方法は，従来から **CAI**（Computer Assisted Instruction）と呼ばれてきました。ID 理論を活かした CAI 教材に端末からアクセスすれば，学校・家庭といった場所を問わずいつでも好きなときに学ぶことができます。キャロルの時間モデル（第3章）で言えば，学習機会を学習者に合わせて提供する方策です。

　授業を映像化して配信し，いつでもどこでも学習できるようにするサービス

も広がっています。eラーニングと呼ばれ高等教育を中心に実践されてきたものが，**MOOCs**（Massive Open Online Courses：大規模公開オンライン講座）として無償（学位等の取得には有償の場合も）で世界中に公開されるようになりました。映像配信だけでなく，オンラインで講師への質問，課題の提出，受講者同士の討論などを支援する仕組みも用意されています。ID理論が授業の枠を超えてたくさんの人々の学びを支えています。

対面の授業とオンラインでの学習とを組み合わせる方法は**ブレンデッド・ラーニング**と呼ばれています。家庭で授業ビデオを予習として視聴し，学校の授業では，協同学習や個別指導を受ける**反転授業**をはじめ，学校の授業と家庭学習との連携はICTによって新たな可能性が広がっています。

 情報教育と情報モラル教育

ここまでICTのよい部分を授業に活かす方法を紹介してきました。もうひとつの側面として，子どもたちが情報社会を生きていくために必要なことを考えてみましょう。無数にある情報の中からどれが正しい情報なのかを見つけ出す力を育てるには，教科書のように厳選された情報を伝えるだけの授業では身につきません。そして，見つけた情報の意味を自分なりに考えて整理し，わかったことを他者に伝えていく情報発信の力も必要です。パソコンやインターネットは情報を上手に扱うための道具です。もちろん，機器を使えるだけでなく，著作権の侵害や，情報の受け手の気持ちを考えないで発信することのないように心の面の教育も忘れてはいけません。このような情報社会の中で生きていくための教育を**情報教育**と言います。情報教育では，情報を適切に収集・編集・発信するための「**情報活用の実践力**」，情報機器の仕組みや特性を学ぶ「**情報の科学的な理解**」，情報社会の特徴や問題点を考える「**情報社会に参画する態度**」の3つの目標が掲げられ，それぞれ以下のように定義されています。

・情報活用の実践力：課題や目的に応じて情報手段を適切に活用することを含めて，必要な情報を主体的に収集・判断・表現・処理・創造し，受け手の状況などを踏まえて発信・伝達できる能力。

第12章　魅力ある授業をつくる（4）〜情報社会に適応する〜　143

・情報の科学的な理解：情報活用の基礎となる情報手段の特性の理解と，情報を適切に扱ったり，自らの情報活用を評価・改善するための基礎的な理論や方法の理解。

・情報社会に参画する態度：社会生活の中で情報や情報技術が果たしている役割や及ぼしている影響を理解し，情報モラルの必要性や情報に対する責任について考え，望ましい情報社会の創造に参画しようとする態度。

　特に近年，インターネット上のトラブルやいじめに対応するため，学習指導要領には**情報モラル教育**が明確に位置づけられました。また，各教科・領域での指導内容を見ていくと，インターネットを使った情報収集の仕方は，社会科で学びます。情報の整理の仕方やプレゼンテーションの方法は，国語科で扱います。情報教育の内容はあらゆる教科・領域に入り込んでいます。第4章でご紹介した，キー・コンピテンシーや21世紀型スキルのひとつでもあり，今後ますます重要視される力と言えるでしょう。

　　「情報技術モデルの学校では，機械システムからまず学ぶ経験を可能な限り子どもたちにもたせる。教師は教科内容の情報提供を反復的に繰り返すためではなく，例外や問題点に対処するために待機する。黒板とチョークを使って，年間を通して一日中講義することを強いるやり方は，教師の創造力を最大限に生かしている姿とは思えない」

　この「**情報技術モデル**」の学校を主張したブランソンは1990年代のアメリカ，フロリダ州の学校改革プロジェクトをリードしました。なかなか過激な発言かもしれませんが，彼は学校の授業を次の3つのモデルで示しました（鈴木，1995a）。

・口頭伝承モデル：教師による限られた知識，経験の一方的な伝達

・現在のモデル：情報を伝え，ゲートキーパー（門番）として振る舞う教師

・情報技術モデル：生徒間の相互学習が中心。機械にできないことをする教師

　教師によるICT活用は，この3つのモデルで言えば，現在の部分に相当します。さまざまなテクノロジーを活用していても，あくまで教師の教材選択が授業の中心にあるからです。情報教育がめざすのは，情報技術モデルに近いと

考えられます。子どもたちはすでにインターネットの膨大な情報にアクセスできます。情報の見極め方や伝え方を学ぶ情報活用の実践力は，まさにこうした授業モデルから生み出されていくのではないでしょうか。インターネットが普及する何年も前にこのようなモデルを提案したブランソンの先見の明が光ります。ICT＝情報コミュニケーション技術は，授業をよりよくするだけでなく，教育の内容や授業のあり方，学校の役割にも影響を与えようとしています。「ICT活用指導力」は，授業の魅力を高めるだけでなく，現代社会に見合った授業を展開するために求められているのです。

章末問題

1. 次のICT活用はガニェの9教授事象のどの場面での効果を期待していると言えますか。1〜9の番号で答えてみましょう。
   (a) 実物投影機で理科の実験方法を演示する
   (b) 導入場面でフラッシュ型教材を使って既習事項を確認する
   (c) 授業のまとめに番組を視聴し，学習内容を振り返る
   (d) 導入場面でデジタル教科書の挿絵を映して興味をもたせる
   (e) 合唱をビデオカメラで撮影し，再生しながらアドバイスする
2. 情報社会において学校はどのような役割を果たしていくのでしょうか。「学校外で充実すること」「情報社会ならではの問題」「学校が果たすべきこと」といった視点を決めて具体的な事例を探し，事例に対する自分の考えをまとめてみましょう。

• • • • • • • • • • • • •さらに深めるには？• • • • • • • • • • • • •
A. コリンズ，R. ハルバーソン／稲垣忠（編訳）（2012）　デジタル社会の学びのかたち―教育とテクノロジの再考―　北大路書房
　教育とテクノロジはどのような関係にあるのか。米国の学校が成立し，制度化されていく歴史を振り返りながら，現在のテクノロジが学校に対して投げかける本質的な意味を問いかけます。

第12章　魅力ある授業をつくる（4）〜情報社会に適応する〜 | 145

授業パッケージ講座　その5：改善アイデアを検討しよう！

　教師の振る舞い，学習意欲，学習者の協同，ICT と授業改善のポイントを紹介しました。このチェックリストを使って指導案の改善を考えてみましょう。

授業パッケージ制作シート⑤授業改善のチェックリスト

氏名：学院太郎

1．授業テーマ：「夏の星座を調べよう」

	項　　目	チェック
基礎基本	1：発問・説明・指示の役割の違いの区別	YES・NO・非該当
	2：黒板への板書，学習者のノート創りのイメージ化	YES・NO・非該当
	3：どんな学習者にどんな指導・支援をするかを考えた机間指導	YES・NO・非該当
	4：子どもの話す・聞くスキルを考えた学習活動の構成	YES・NO・非該当
	(具体的な工夫点) 〔工夫点と対応する番号を記入する〕 ・児童が予想した星座の動きを板書し，違う考えを見比べられるようにする (2)	
学習意欲	5：学習者の注意を引く導入や教材提示の工夫（Attention）	YES・NO・非該当
	6：学習者が身近に感じ，やりがいを感じる課題の工夫（Relevance）	YES・NO・非該当
	7：学習者が自信をもてる発問やフィードバックの工夫（Confidence）	YES・NO・非該当
	8：学習者が満足感を得られる場面の設定や評価の工夫（Satisfaction）	YES・NO・非該当
	(具体的な工夫点) 夜9時に校庭の真ん中にたったときに，どの方角にどんな星座が見えるのか考えさせる (6)	
学習者の協同	9：ペア活動を取り入れる際の学び合いが成立するための工夫	YES・NO・非該当
	10：グループ活動を取り入れる際の役割分担や進行の仕方の工夫	YES・NO・非該当
	11：クラス全体の話し合いを設定する際のルールやまとめ方の工夫	YES・NO・非該当
	12：ワークシート上の指示，意見の整理，振り返りを促す道具の工夫	YES・NO・非該当
	(具体的な工夫点) ・ペアで正座早見から星座を探すクイズをする (9)	
ICT	13：授業の魅力を高める ICT 活用（興味を引くコンテンツの提示）	YES・NO・非該当
	14：指導効率を高める ICT 活用（時間短縮，指示の明確化）	YES・NO・非該当
	15：学習効果を高める ICT 活用（思考を深める，定着を図る）	YES・NO・非該当
	16：情報活用能力（収集・編集・発信）や情報モラルを高める場の設定	YES・NO・非該当
	(具体的な工夫) ・星座早見の使い方を実物投影機で拡大提示しながら説明する (14)	

第13章　授業を分析してみよう

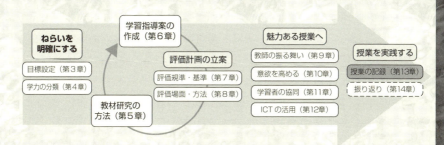

　　　　　　　　　　　　授業を観察したり，その授業を分析したりするには，どのような視
　　　　　　　　　　　点で，どのような方法で行えばよいのでしょうか。授業の観察や記
　　　　　　　　　　　録方法に関する基本的な考え方を紹介したあと，授業の分析方法を
　　　　　　　　　　　解説します。

 授業記録，エピソード記録法，座席表，チェックリスト，カテゴリー分析，日誌法

やってみよう
今日一日自分が見たり経験したりしてきたことを時系列に沿って可能な限り書き出してみましょう。その内容をお互いに見比べてみましょう。

 ## 観察のポイント

　学生の皆さんなら学校現場の見学や教育実習で，現職の先生方は研究授業などで他の先生の授業を見る機会があると思います。そんなとき，どのようなことを意識して授業を見るとよいのでしょうか。ベテランの先生と授業を見る機会があれば，授業後，何を見ていたのか，どんなことを考えていたのかをぜひ聞いてみましょう。授業を見る目を鍛えることで，授業場面での教師の一挙手

一挙足の意味が見えてきます。子どもたちが何につまずいていたのか，どんな思いをもっていたのかがつかめるようになります。それらは自分の授業力アップに直結します。

　授業を見るための第1のポイントは，**視点をもつ**ことです。例えば，あなたが通学・通勤で電車を使っているとします。ほぼ毎日電車に乗っていれば，窓から見える風景はいつも通りただ過ぎ去っていくだけかもしれません。ところが，友だちから「A駅からB駅までの間に面白い看板がある」と聞いたなら，これまでと違って車窓の風景をしっかりと確認するようになるでしょう。どれが面白い看板なのか，風景の中から見いだそうと意識が働くはずです。つまり，漠然と見ていては何も得ることができませんが，視点をもって見ることによって新たに見えてくることがあるのです。授業を見るチャンスがあったとしても，意識して見なければ，一時間の授業が当たり前のように過ぎ去っていくだけで終わってしまうかもしれません。

　本書で紹介してきたID理論は授業を設計するためのものですが，教師がどのような意図で授業をつくっているのかを分析する視点を提供してくれます。ガニェの9教授事象は，授業構成の基本的な流れを示していますが，授業を見るときにも「あ，ここは前提条件を確認しているな」「学習の指針の与え方にはこんな方法があるのか」といった形で，場面ごとの役割を意識することができます。第10章で紹介したARCSモデルを使えば，授業者が子どもたちの興味関心を高めるためにどのような工夫をしているのか見えてくるはずです。導入の段階でいかに子どもの注意（Attention）を引いているか，子どもたちに自信（Confidence）をもたせるためにどのような発問や課題の与え方をしているかといった具合です。

　もうひとつのポイントは，**子どもや教材についての知識**の重要性です。例えば，ある授業を見に行った際，一人の子どもが落ち着かず，うろうろしていたとしましょう。その場面を見たとき，あなたならどう感じますか。ある人は，家庭で十分しつけができていないと子どもを批判的に見るかもしれません。また，ある人は，子どもに対して十分指導できていないと教師を批判的に見るかもしれません。しかし，ADHDなどの発達障害に関する知識があれば，子どもや教師に対しての批判が誤りかもしれないと気づくでしょう。子どもの発達

段階や子どもたちが置かれている社会状況に関する理解，また，授業を展開する上でのカリキュラムや指導法に関する知識がなければ，授業で展開されているさまざまな事象を十分に読み解くことは困難です。だからこそ，教育実習であったり，大学等で見学に行く機会が与えられたりした際，事前学習が非常に重要になると言えます。

見たことを記録する意味

　授業を見る際，ただじっと立って見ていませんか。研究授業であれば指導案を見ながら，気づいたこと，子どもの様子などを書き記していきます。ビデオカメラを使えば，自分自身の授業も記録に残しておくことができます。自分の姿を見返すのは恥ずかしいかもしれませんが，自分がどのように話したり，子どもと関わっているのかを見ることで，第9章で紹介したような立ち居振る舞いや口ぐせを見直すきっかけをつかむこともできます。授業の記録を残すことの意義について，次の3点から確認しておきましょう。

❶──観察・実践したことを忘れないため
　人間誰しも記憶したものは徐々に忘れていってしまいます。だからこそ，記録を残すことによって，授業の観察や実践におけるさまざまな出来事や体験を形にすることができるのです。記録として残っていれば，自身の記憶を再現し，振り返りがしやすくなります。

❷──観察・実践した詳細を確認するため
　観察・実践に関する記録を残さなければ，「子どもたちが積極的に発言していたな」「あの先生の授業の進め方はうまかったな」「今日の授業では言いたいことがうまく伝えられなかったな」など何となくの印象や感想しか残りません。積極的に発言させるためにどのような工夫がなされていたのか，板書・発問がどのように授業の展開をスムーズにしたり，行き詰まらせたりしていたのかなど，記録をもとに授業におけるさまざまな出来事の詳細を確認することができます。

3──評価・反省の資料とするため

　日本では古くから授業記録を残し，よりよい授業をめざして議論する文化がありました。例えば奈良女子高等師範学校附属小学校（現奈良女子大学附属小学校）では，戦前からたくさんの実践記録が残されています。記録が残っていれば，授業の展開，教材の意義，子どもの学びの実相など授業の事実に基づいて他者と建設的な議論を深めることができますし，それをもとに反省し，よりよい実践へとつなげることができるのです。

授業記録の方法

　いよいよ授業の記録方法について見ていきましょう。記録にあたって，何を記録するかのねらいを定めておきましょう。ねらいに応じて適切な方法で記録をすることで，それを有効活用できます。なお，子どもの個人情報や録画の際は，子どもの肖像権の問題など，記録物の取り扱いや公開について，事前の十分な確認と配慮が必要です。

1──録画

　ビデオカメラなどで授業を録画することで詳細な記録を残すことができます。録画する際には，カメラを一定の場所に置いて撮影するか，撮影者が移動しながら撮影するかの2通りがあります。

　置き場所を固定する場合，自分で授業前に録画ボタンを押しておけば，撮影する人を頼まなくてもすむことがメリットです。しかし，カメラの設置場所によって記録できることに制約があることを意識しておきましょう。教室の後方から撮影すると，教師の動きや板書を記録することができますが，子どもの表情や動きを撮影するのは難しくなります。逆に教室の前方から撮影すれば，子どもの表情や動きを記録できますが，教師の動きや板書を撮影することはできません。つまり，何を記録したいかによって設置場所が変わるのです。場合によっては，前後に2台のカメラを置いてもよいでしょう。

　移動しながら撮影すると，グループやペアの活動など，授業の様子を自由に

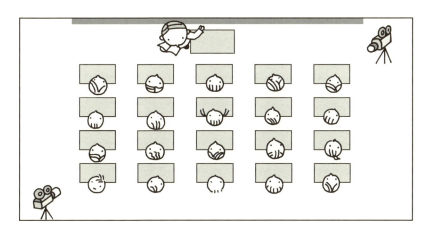

記録できるよさがありますが，撮影者の力量がかなり問われます。撮影者の視点によって授業を記録するため，事前に指導案を確認した上で，どの場面をどのように撮影するかをイメージしながら撮影することが求められるからです。

なお，ビデオカメラを教室に持ち込むとそれだけで子どもたちは緊張したり，興奮したりしてしまうものです。授業に集中できるように，子どもの視界にできるだけ入らない，子どもがピースをしたり話しかけたりしても相手にしないなど，授業に集中させる配慮を心がけましょう。

2──録音

ボイスレコーダなどを活用して授業の内容を録音することでも記録を作成することが可能です。録画と違って音声情報だけになりますが，小型の録音機器を用いれば，子どもに不用意な緊張感を与えることなく記録できます。記録にあたっては，教師の発言を中心に録音したり，特定の子どもやグループを中心に録音したりするなど，対象を限定する方が望ましいでしょう。

3──撮影

授業をデジタルカメラなどで撮影することもよく行われています。日付・時間の設定をきちんとしておけば，撮影した際の時刻が記録されるので，時系列に沿って授業の流れを再現することがある程度可能です。撮影にあたっては，

図 13-1　子どもの姿を写真に残す

録画と同様に，何を記録すべきかを考えることが重要です。教師の動きや板書を中心に撮影しつつ，子どもの表情や姿も合わせて撮影していきます。その際，子どものノートや制作物を撮影すると，授業中に子どもたちが何を考えていたかをつかむことができます。第12章のICT活用で紹介した実物投影機のように，その場で子どもの作品を撮影して，プロジェクタやテレビなどに映して授業に活かすこともできます。

　他の先生の授業を見る場合，授業前後の時間を使って，教室環境を撮影してみましょう。それぞれの教室には，学級目標やルールなどが教室の前方に掲示されていたり，教室の後方には子どもたちの作品や制作物が掲示されていたりします。そこから，日々の学級活動で工夫されていることや一時間の授業では見えない子どもたちのよさや課題をつかむこともできるのです。

4 ── 文字による記録

　学校によっては，録画・録音・撮影による記録が認められない場合もあります。その際には，授業中にメモをとり，それを授業記録として用います。教育実習では，この方法で行うのが一般的です。また，録画・録音で記録されたものであっても，それを再生して一時間分の授業を再確認するには手間もかかるため，最終的には文字にまとめられることも多いのです。授業での教師と子どものやりとりの記録を**プロトコル**と呼びます。

　記録の方法には，授業における教師・子どもの関わりや出来事などをまとめ

第13章 授業を分析してみよう—— 153

るエピソード記録法があります。授業中の教師や子どもの発言・様子などをメモに書きとめます。その際，誰の発言かがわかるように記号をつけ，場面ごとの時間を可能な限り書きとめることが望ましいでしょう。授業後，記憶が薄れないようできるだけ早い段階でメモをもとに授業を再現していきます。子どもの活動を中心とした授業の場合，どの子どもの記録をとればよいのか混乱することもあるため，あらかじめ授業者と記録をとる子ども（抽出児）を決めて，その子どもの記録に専念することもあります。

　その他にも，**座席表**（図13-2）は，授業での子ども一人ひとりの様子や発言内容などを記録するのに便利です。授業者自身が机間指導の際に気づいたことをメモしておくと，あとで学級全体の様子をとらえられるだけでなく，誰を指名するか，次に回るときに支援が必要なのは誰かといった授業展開を組み立てる道具としても役立ちます。また，グループやペア活動のように動きがある学習活動を見る際には，観察する視点を並べた**チェックリスト**（図13-3）を

○月○日　○時限　　　　　　　　　　　　　　　　　　　　○年　○組

単元名：…　　　　　　　　　　　　本時：…

○美 計算の手順がわかっていない	○雄 理解しているが挙手・発言がしにくい	○太 積極的で，ノートも適切	○子 慌てて計算するのでミスをする
△一 授業に集中できていない	△子 積極的に発言し，授業をリードする	△彦 理解しているが，発言しにくい	△香 計算できるが，手順の説明が不十分

図13-2　座席表の例

	積極的に授業に参加している	根拠に基づいて発言している	計算の手順を理解している	見通しを立てて計算できる
○美	✓			
○雄	✓	✓	✓	

図13-3　チェックリストの例

活用します。どのような視点のチェックリストを作るかを事前に考えることは，授業の設計段階で子どもの姿を具体的に考えるよい機会となります。

授業分析の方法

授業を分析する方法も授業記録の目的，記録の方法ごとにさまざまあります。本章の冒頭で触れたように ID 理論にあてはめて解釈する方法の他に，ここでは3つの方法を紹介します。

1──カテゴリー分析

ビデオや音声などで記録した授業はどのように分析すればよいでしょうか。ここではカテゴリー分析の代表的なものとして，**フランダースの相互作用分析**を紹介します。表13-1のように授業中の発言や行動に関するカテゴリーをあらかじめ作成しておき，授業中の事象を一定時間ごとにカテゴリーに分類していきます。次に事象の順に（3，5）（5，2）（2，4）…といった組をつくり，それらをマトリクスに布置することで，指導の傾向性や授業構成の特徴などを確認することができます（図13-4）。ただし，一時間の授業であっても，カテゴリーに分けて分析するのは相当な労力が必要となります。簡便化する手だて

表 13-1　フランダースのカテゴリーシステム

教師の発言	間接的影響	1) 感情を受け入れること
		2) ほめたり，勇気づけたりすること
		3) アイデアを受け入れたり，利用したりすること
		4) 発問すること
	直接的影響	5) 講義すること
		6) 指示すること
		7) 批判したり，正当化したりすること
生徒の発言		8) 生徒の発言─応答
		9) 生徒の発言─自発的
		10) 沈黙あるいは混乱

	1	2	3	4	5	6	7	8	9	10	計
1	0	0	0	0	0	0	0	0	2	0	2
2	0	3	2	0	0	0	0	0	0	0	5
3	0	0	2	1	0	1	0	0	0	0	4
4	0	0	0	6	0	2	0	0	1	0	9
5	0	0	0	2	67	2	0	0	3	0	74
6	0	0	0	0	0	20	5	5	10	0	40
7	0	0	0	0	0	0	0	0	7	0	7
8	0	1	6	4	0	0	3	21	13	0	48
9	2	1	2	3	0	3	6	3	7	0	27
10	0	0	0	0	0	0	0	0	0	0	0
計	2	5	12	16	67	28	14	29	43	0	218

図13-4　マトリクス表の記入例

として，一定時間ごとにすべて取り上げるのではなく，教師・子どもの発話のまとまりごとにカテゴリー分けする方法なども開発されています。

2 ── 成果物・テスト結果の分析

　子どもたちが授業中に作成したノートやレポート，授業後のテストなども分析の対象となります（図13-5）。それらを分析することによって，授業の内容をどの程度理解できたのか，何につまずいていたのかなどを事実に基づいて確認することができます。子どもたちが積極的に発言し，授業が盛り上がったように感じたとしても，授業で身につけるべき内容がまったく身についていない

図13-5　子どものノートから授業を分析する

可能性もあります。学びの成果を読み取れる形で残すことは，学習の評価としても大切です（第7章）。

　成果物やテスト結果を分析に用いる際には，授業のねらいや活動が十分反映されたものとなっていることが前提となります。目標を明確にする，目標に応じた指導と評価を工夫するといった，「**目標と指導と評価の一体化**」の考え方はここでも生きています。

3──日誌の分析

　授業者や教育実習生が自らの授業を振り返り，それを日誌としてまとめ，一定期間蓄積したものを分析することで，自身の課題点を把握する方法があります。**日誌法**（journal writing）として，欧米においても教師教育や教員養成において活用されています。「記録の方法」の節で紹介したエピソード記録に基づいて，日々の授業や一日で印象に残ったこと，課題に感じたことなどをできるだけ具体的に書き出しておきます。それらが蓄積されていくにつれて，同じ

表 13-2　**授業日誌形式と記述例**（浅田ら，1998）

時間または科目	具体的な状況	対象とする子ども	状況の解釈や判断	用いた手だて	手だてを用いた理由
国語	よく聞いている。姿勢もよい。発言も積極的。	N.Y	いつもグダッとしていたり私語が多いのにどうしたのか？　している学習のパターンがのみ込めたからか？	全員に向かってほめる。	とても賢い子。これで学習に対してよいスタートになれば。
朝の会	金曜日の下校時に寄り道をしたとのこと。	K.T	二面性のある子。ひょっとしたら彼から言い出したのかもしれない。	私の「約束を破られて先生は悲しい」という言葉にボロボロ涙を流す。	プライドの高い子。善悪の判断はできるのだから，私との信頼関係について話す。
給食準備	「Nさんが泣いている」と女の子の報告。聞いてみるとT.Tがふざけて耳をたたいたとのこと。	T.T	N.Yとはとても仲良し。自分の気持ちがうまく伝えられずすぐ手が出る。けんかでないようす。	「人には言葉で伝えること。耳が聞こえなくなったらどうするのか」と話す。N.Yが許してくれなければどうしようもない。	T.Tは明るいがすぐ手が出る。上手に友だちと仲良くなる方法を学ばせたい。
給食	いつもなら野菜嫌いな子ら。今日は普通の量でよいと言う。3人ともおかわりをする。	O.S U.M Y.S		ほめる。	少しずつ偏食が直ればよいと思う。

ように起こっている事柄や，改善に向けて努力しているが十分な結果が出ていないことが目に見える形になってきます。問題が見えてくれば，新たな手だてをほどこしたり，他者からのアドバイスを受けたりすることで，解決に向けた新たな一歩を歩み出すことができるのです。

章末問題

1. 授業を記録する際，次のようなことを読み取るには，どの方法がもっとも適切でしょうか。語群の中から選びましょう。
   (a) 子どもの表情や動きを記録する
   (b) 一定期間，教師が自らの授業を振り返る
   (c) 授業中に子ども一人ひとりの思考を把握する
   (d) 教師の発言のみを記録する
   (e) 授業の結果，学習できていたかどうかを把握する

   （ア）ノート・テスト　（イ）日誌法　（ウ）教室前方から録画
   （エ）座席表　（オ）録音

2. 実際に学校現場に行く機会を見つけて，自身で記録の観点を定めて，授業を記録してみましょう。難しい場合は，ビデオカメラでの授業記録などで代替してみてください。

・・・・・・・・・・・・・さらに深めるには？・・・・・・・・・・・・

浅田匡・生田孝至・藤岡完治（編著）（1998）　成長する教師―教師学への誘い―　金子書房
授業を見る視点や授業を分析する方法などもいくつも紹介されており，発展的な学習として学ぶべきものがたくさんあります。

河野義章（編著）（2009）　わかる授業の科学的探究―授業研究法入門―　図書文化
授業研究の方法が網羅され，実際の研究データなども紹介されているので，どのような方法で何を記録するかなどを考える際に役立ちます。

第14章 研究授業・模擬授業から学び合うために

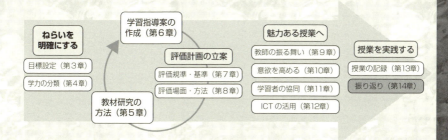

　実践された授業から私たちは何が学べるのでしょうか。模擬授業，研究授業のそれぞれの場面について，実りあるものにするための留意点を取り上げます。さらに，事後の検討会で討議する際のポイントや進め方を工夫することで，参加者全員が学べる授業検討のあり方についても考えてみましょう。

 キーワード　模擬授業，研究授業，マイクロティーチング，事後検討会，ワークショップ，授業カンファレンス，プロトコル

やってみよう

　グループの中で1人が先生役，残りは児童・生徒役になって授業場面を3分間，演じてみましょう。題材は自由です。先生役，児童・生徒役それぞれを演じてみて気づいたことや，演じるのに必要な準備物について話し合ってみましょう。

 ## 1 マイクロティーチングの実施

　大学の講義・演習や教育実習の事前指導において，**模擬授業**が行われる場合があります。模擬授業をする相手は，学生であったり，大学の教員であったり

します。実際の学校現場で出会う子どもたちとは，当然反応の仕方や対応の仕方は違います。それでも，教育実習に臨む前に自身の課題点を明らかにすることができる貴重な機会だと言えます。一方で学校現場でも校内研修や研究授業の事前検討会の段階で，模擬授業を取り入れることがあります。ここではまず，ポイントをしぼった模擬授業の実施方法から紹介します。

マイクロティーチング（ライアン，1975）は，いわゆるロールプレイの一種で，学生や大学の教員が学習者役になり，教師役の学生が授業のある部分を実際に実践します。それをビデオカメラで録画し，授業後に教師役・学習者役それぞれがビデオ記録に基づいて評価していきます。マイクロティーチングでの課題点を確認することで，教師役の学生は，自身の授業スキルを高めることができます。

マイクロティーチングでは，学習者役に5〜8名と小規模のチームを編成します。また，授業時間も，5〜15分と短時間で実施するため，それに応じた指導案を作成し，教材を準備します。通常の模擬授業では，一時間の導入・展開・まとめを考えますが，マイクロティーチングの場合，教材提示の仕方など特定の授業場面にしぼった準備を行います。なお，指導案の作成をチームで行う場合もあります。

マイクロティーチングの難しいところは，教師役よりも，実は学習者役です。いかに授業の対象とする学年の子どもたちになりきれるかが，マイクロティーチングの成否の鍵を握ります。その学年の子どもが教材のどのようなところでつまずきを感じるのか，教師役の発問や指示の言葉遣いが理解できるかといった授業内容の理解に関することや，積極的な子ども，消極的な子どもなど，多様な子どもの対応などを学べるように，学習者役が十分演じ切ることが大切です。

マイクロティーチング後には，ビデオを見ながら**検討会**を行います。教師役は，自分の発言，行動が実際にどのようなものであったかを客観的に見ることができます。映像に映る自身の発言・行動を直視するのは恥ずかしいかもしれませんが，表情や視線，言葉遣いなど，自分では気づかないさまざまな課題点を確認できるはずです。また，学習者役の学生や担当教員からは，ビデオで振り返ることでさまざまな指摘がなされます。この部分の説明がわかりにくかった，子どもの反応に適切に対応できなかったなど，それぞれが感じたことや気づいたことを教師役に伝えていきましょう。自身の実践に対する厳しい意見や

第14章　研究授業・模擬授業から学び合うために——161

表14-1　マイクロティーチングの評価票

項　　目	評　価
1.授業者の声が聞き取れたか	1 - 2 - 3 - 4 - 5
2.授業者の説明・質問がわかりやすかったか	1 - 2 - 3 - 4 - 5
3.学習者を見る視線・表情は適切だったか	1 - 2 - 3 - 4 - 5
4.授業の内容は理解しやすかったか	1 - 2 - 3 - 4 - 5
5.教材の提示の仕方が工夫されていたか	1 - 2 - 3 - 4 - 5
6.授業の展開の仕方が工夫されていたか	1 - 2 - 3 - 4 - 5

批判を聞くのは，教師役にとっては辛いことですが，教育実習で実際の子どもたちの前に立つため，よりよい実践のためであると思って受け止めていきましょう。マイクロティーチング後の検討会の際は，チェックリスト（第13章参照）や**評価票**（表14-1）などのツールを準備しておくと，より検討の視点が深まります。学習者役の皆さんは，評価票に単に数値をつけるだけでなく，なぜその数値にしたのか，自分の考えをしっかり伝えることで授業の見方も深まります。

　マイクロティーチングの基本的な流れを紹介しましたが，大学の授業は大人数の講義から少人数の演習までさまざまです。校内研修で実施するにしても，学年ごとや教科ごとに分かれて，一度に複数の授業を検討することがあります。ここでは，大人数で取り組む際の進め方を示します。

（1）授業では，教室を広く使って，何か所かに分かれてグループごとに同時開催します（**ポスターセッション**形式と呼びます）。

（2）グループ編成は，授業者役1名，学習者役4〜5名に加えて，記録係（1〜2名）を決めます。

（3）記録の際，ビデオカメラを用意しきれない場合，記録係が教師役や学習者役の発言や様子を文字で記録します。

（4）教室の都合で黒板を使用できないこともあります。プリントや資料を活用する場面（例：地図からその地域の特徴的な産業を読み取る〔社会〕），作業を取り入れる場面（例：折り紙等を使用して面積の求め方を考える〔算数〕）などは可能です。発言をまとめる際には，ペンや付せん紙を活用してもよいでしょう。

（5）マイクロティーチングが終わったら，記録者の記録をもとに発言・対応などの課題点などについてグループで議論します。記録者も第三者的な視点から意見を述べます。
（6）時間があれば，教師役と学習者役の組み合わせを変えるなどして，できるだけ多くの人から意見を聞けるようにしましょう。

教育実習における研究授業

　教育実習では，指導教員や他の教師の授業を観察することから始まります。そしていよいよ自分自身で授業をつくり，実践することになります。学習指導案の書き方や授業でのポイントなど，事前に指導を受けてから授業に臨みます。事前指導では，何度も指導案を書き直させられることもあるでしょう。子どもの前に立って授業をするには，それだけの責任があります。プロとして授業を行う第一歩と思ってください。指導案の書き方については，第6章で詳しく述べましたので，ここでは授業に取り組む上での留意点を示します。

■1──「何を」「どこまで」教えるのか，ねらいを把握する

　授業をするにあたり，一番大切なことは，「何を教えるのか？」といった本単元や本時のねらいをしっかりとおさえることです。また，「どこまで教えるのか？」もおさえておかなければなりません。指導者としては，ついつい「もう少しレベルの高いことを」「あれも，これも教えたい」等と考えてしまい，本時のねらいから外れてしまうことがあります。これでは本末転倒な授業となってしまいます。本時では，「何を」，「どこまで」教えるのかを明確にし，本書の第3章から第5章で取り上げた目標と教材の分析をしっかりと行って，臨みましょう。

■2──担当するクラスの子どもの実態を把握しておく

　教育実習では，教科書をこなすことばかりに目が向きがちですが，相手あっての授業であることを忘れてはなりません。担当するクラスの雰囲気，事前の

子どもたちの理解度，子どもたちの学習に対する姿勢や課題となっていることなどの大切さを，第3章では学習者の条件として紹介しました。授業を観察する際は，教師の姿だけでなく，子どもたちの様子もよく見ておきましょう。

❸──学習指導案を書きながら授業の進め方をイメージする

　学習指導案は，事前に授業をデザインするためのものです。第6章で示した通り，「どのように教えるか」の流れを記述していきます。また，本時で扱う教材について，どのように子どもたちに出会わせ，いかに深めたり，吟味したりするかという教材研究の視点もあわせてもっています。この教材をどのように提示すればわかりやすいだろうか，この発問をしたらどのように子どもたちは答えを返してくるだろうかなど，できる限り具体的にイメージしていきます。実際の子どもの反応は予想しきれるものではありませんが，具体的な授業イメージを学習指導案に書きながら考えることが，事前のシミュレーションになります。

❹──担当の先生のまねをする

　「まねをする」と聞くと，中には反発を感じる人がいるかもしれません。しかし，実習で担当するクラスには，それまでに構築されてきた学習ルールがあります（第9章参照）。授業の始め方，子どもたちの発言の仕方，ノートの書き方などです。教育実習はわずか数週間しかありません。実習生が帰ったあとに，担任の先生が学習ルールをつくり直すことになってしまっては，大きな迷惑になります。できる限りそれまでのルールに合わせて授業をする方がスムーズに進められます。授業を見る際には，どんなルールがあるか，そのルールにはどんな意図があるのかを考え，担当の先生に確認しましょう。

❺──授業者としての目標をもつ

　実習期間の授業回数は限られています。限られた中で自分の力を少しでも高めようとする気持ちが，授業力の向上につながります。今日の授業では，「声の出し方に気をつける」「机間指導で子どもの様子をしっかり観察する」「板書を工夫する」「一人ひとりの子どもたちの顔を見る」など，その日の授業でどこに力点

を置くのか，授業者としての目標をもって実践しましょう。授業後には，目標について振り返るとともに，子どもたちが学習目標を十分達成していたかどうか確認します。次の時間に取り組んでみたい新たな目標がきっとみつかるはずです。

3 授業検討会における振り返り

　研究授業や模擬授業のあとには，指導教員や他の授業を参観した教師からコメントや指摘，アドバイスをもらう**授業検討会（事後検討会）**が開かれます。適切な評価を受けるためにも，次の点に留意して，検討会に臨みましょう。

1──自身の考えを明確に述べる

　授業に臨むにあたって，本時の目標を踏まえ，子どもの実態，教材をいかにとらえ，どう解釈したのか，それに基づいてどのような点を授業のポイントと考えて指導の手だてを工夫したのかといったことを他の教員に伝わるように説明します。そして実際に授業を実施した結果，どこにずれが生じたり，うまくいかなかったりしたかを語っていきます。授業は細かいところを挙げて批判しだすと，それはそれでキリがありません。もちろん未熟な点は指摘してもらうべきですが，自身がどこにこだわったのかを明確に伝えることで，焦点をしぼった議論ができるようになります。

2──参観者の考えを読み取る

　教育実習生の授業を参観した先生は，それぞれに自身の経験や大切にしている授業観，その時置かれている立場などから，自分なりの考えをもち，授業を観察・評価しています。思ってもみなかったような視点からコメントや感想をもらったときがチャンスです。その先生が，どのようなところにこだわって授業を見ているのか意識して聞いてみましょう。時には，教員間でも違う考え方に出会うこともあります。一つの授業に対して，人により異なる見方や考え方があるのですから，どのような意見にもまず耳を傾けて考えてみることが大切です。そうした姿勢が身についてくれば，自身の実践に対して時に厳しい意見

3 ── 未来志向で臨む

　教育実習生として，教育実習で完璧な授業ができることはまずありませんし，周りの先生もそれを期待していません。教育実習には失敗はつきものです。ですが，準備不足で起こった失敗と，十分に準備したにもかかわらず起こった失敗では，失敗の意味が異なります。準備不足で起こった失敗は，準備しておけばよかったとしか思えませんが，十分に準備したにもかかわらず起こった失敗は，さまざま考えるべきことが生じるはずです。子どもの実態把握にズレがあったのではないか，説明の仕方を工夫したつもりだったが，まだわかりづらかったのではないかなど，よりよい実践へとつながるヒントが見えてくるはずです。失敗して当然，うまくいかなくて当然ではありますが，それを未来へとつなげる努力は必要です。「今日は子どもたちが緊張していたから」「このクラスは消極的だから」と，授業の失敗を子どもの責任にするのは厳禁です。緊張を解きほぐし，積極的な姿を引き出すのが教師の仕事です。

学び合う事後検討会をつくる

　教育実習に限らず，教員間で実施される研究授業の**事後検討会**でも，あたらずさわらずのコメントのやりとりや的外れな批判が起きてしまうことがあります。授業者だけでなく，そこに参加する教員がより積極的に参加し，互いが学び合うような授業検討会の運営の仕方について取り上げます。

　そのひとつは，第11章で紹介した**ワークショップ**を取り入れる方法です（村川，2005）。研究授業の実施前に，参観者がコメントを自由に書けるカードや付せん紙を配布しておきます。授業での教師・子どもの行動・発言などで気づいたことや印象などをカードや付せん紙に記録します。カードには1枚にひとつの事柄を記入するようにし，時間・場面などをあわせて記録しておきます。授業後にカードに書ききれなかったことを書き足したり，カードを整理する時間を設けることもあります。

図14-1　ワークショップによる事後検討

　授業検討会では，4〜5名のグループに分かれてカードを紹介し合うところから始めます。模造紙等に貼り付け，第11章で紹介したKJ法のように同じような内容に関するカードを分類したりすることで，授業に関する事実がまとめられていきます。指導案を拡大印刷して，その上に貼りつけていくことで時系列に気づいたことを共有したり，その学校の研究課題に合わせて軸を設定することもあります（図14-1）。授業者はグループ間を回りながら，質問に答えていきます。整理ができたところで，どのような話し合いがなされたのか，各グループから報告します。進行役（コーディネータ）の人が，出てきた意見を整理して，検討会の成果をまとめます。このとき，「発問の仕方」「板書の構成や書き方」「子どもへの対応の仕方」といった授業者のスキルや，「発問の内容」「手だてのとり方」「教材の扱い方」といった学習内容についてなど，「見てもらいたい視点」を事前に共有しておくと，より焦点のしぼられた明確な検討会を行うことができます。

　また，**授業カンファレンス**と呼ばれる検討会の方法もあります（表14-2）。複数の授業者が同じ教科，単元を対象にした授業を実践します。授業の記録（プロトコル）を出し合う中で，優劣を判定するのでなく，それぞれの授業者の立場や考え方の違いと，それによる授業の有様を吟味していきます。授業者，参加者の双方が自身の立場を語り合うことによって，その違いやよさに気づき，互いの視点を深め合うことができるのです。

表14-2 授業カンファレンスの進め方（稲垣，1986）

```
①授業者の決定
②教材の研究・授業案の作成
③2つの授業の実践・ビデオによる記録
④参加者の批評・感想
※⑤授業者の内的過程のコメント
※⑥授業記録（プロトコル）の作成
※⑦ビデオとプロトコルによる分析
※⑧子どもの評価やアンケート
⑨授業者による④，⑦，⑧へのコメント
            （※については可能ならば取り入れる）
```

章末問題

1. 次の文章のうち，正しいものに○，間違っているものに×をつけましょう。
 (a) マイクロティーチングとは小さな教室で行う授業のことである
 (b) 教育実習の際，実習生は担当教員が書いた指導案で授業をする
 (c) 模擬授業の児童・生徒役は，実際の授業で対象とする学年の様子を真似るべきである
 (d) 研究授業の後に開かれる事後検討会では，すべての参加者が意見を言ってよい
2. 教科・単元をひとつ決めて書籍やインターネット等で複数の授業記録を探してみましょう。その上で，教材観，指導観にどのような違いがあり，授業展開にどのように反映されているのか，考察してください。

・・・・・・・・・・さらに深めるには？・・・・・・・・・・

秋田喜代美，キャサリン・ルイス（2008）授業の研究―教師の学習― 明石書店
　授業研究（＝レッスン・スタディ）は海外でどのように行われているのか，日本の授業研究の意義，教師が授業検討会で何を学ぶのか，大学研究者との協同による授業研究など，授業研究をめぐって幅広い著者の研究がまとめられています。

授業パッケージ講座　その6：模擬授業に挑戦しよう！

　いよいよ実際に模擬授業をしてみましょう。交流シート③を使います。このワークシートは2の「学習内容と学習活動」を授業する側が先に書きます。授業が終わったら，下半分を児童・生徒役の皆さんに書いてもらい，この「振り返り」をまとめます。

授業パッケージ交流シート③模擬授業にチャレンジ！

授業者：学院太郎

1．授業テーマ：「食生活を見直そう」

2．指導案から模擬授業の実施場面を抜き出そう〈15分〉

時配	学習内容と学習活動	振り返り
導入 5分	1．学習課題の提示（2） **「健康によい食事を考えよう」** 2．昨日の夕食の献立を書き出す（3）	・書き出しに予想より時間がかかった
展開 10分	3．6つの基礎食品群について知る（4） ・生徒の献立を使って説明する 4．献立を分類しバランスを考える（5，6） ・ワークシートを使って分類させる	・イラストカードでわかりやすく説明できた ・分類がわかりづらいものを調べる手段が必要

> 模擬授業の時間にあわせて指導案の一部を書く

> 授業後に気づいたことや反省点を記録する

3．気づいたこと・アドバイスを寄せ書きしよう

> 生徒役に書いてもらう

【声・目線・立ち居振る舞い】 ・ハキハキした話し方でわかりやすかった ・話し方が少し速い感じがした ・下を向いていることが多かったかも……	【教材・板書】 ・イラストカードがわかりやすかった ・カードがもう少し大きいと見やすいです
【授業の組み立て】 ・導入に時間がかかっていた ・6つの分類を一度に覚えるのが大変だった	【動機づけ】 ・課題提示の前にきっかけになる導入がほしい ・自分の献立を思い出してから説明を聞いたので関心がもてた
【生徒との関わり】 ・分類する場面で困ったときに見てほしい ・6つの分類を生徒の献立を紹介しながら説明してくれたのでわかりやすかった	（ワークシートの使いやすさ） ・カードの絵を使っていてわかりやすい ・分類に困ったものをおいておく欄がほしい

> 特に工夫した点を聞いてみよう

第15章 これからの教師に求められる授業力

これからの教師にはどのような力が必要なのでしょうか。社会の変化に応じて変わらなければならない授業力と、いつの時代にも変わらない授業力とがあります。教師の成長を支える授業力の要素と、成長のためのヒントを紹介します。

「不易」と「流行」、教師に求められる資質、スタンダード、メタファ、授業の振り返り、新しい問題への対応、総合的な学習の時間、メリルの第一原理

やってみよう

あなたにとって「理想の教師」はどんな教師ですか？ 「〇〇ができる人」の形式で、いくつか条件を箇条書きにしてみましょう。

 教師にとっての資質～不易なものとしての「授業力」～

　読者の皆さんは、「教師になりたい」あるいは、「教師として成長したい」という願いをもたれていると思います。それでは、教師に求められる資質や能力というのは一体どのようなものなのでしょうか。学校現場には、どのような教師が求められているのでしょうか。本書『授業設計マニュアル Ver. 2』では、目標の設定、教材の分析、授業の設計、実践と評価まで、授業づくり全般に関

わるノウハウと考え方を伝えてきました。総まとめである本章では，これまで学んだことをもとに，以下の4つの質問について自分の考えを整理するところからスタートしてみましょう。

〈授業力に関する4つの質問〉

Q1：教師には，どのような資質や能力（授業力）が求められているでしょう？

Q2：教師としての資質や能力は，いつの時代でも同じですか？

Q3：教育の今日的課題にはどんなものがあるでしょう？

Q4：今日的課題に対応するために必要な教師の資質や能力（授業力）とは何でしょうか？

たとえば，長崎県の教員採用試験のWebページには，「21世紀に生きる力と郷土を担う人材を育てるために長崎県はこんな先生を求めています」と題して以下のようなことが書かれていました。

- （小学校）心豊かで明るく，子どもとともに遊び，ともに学ぼうとする人
- （中学校）情熱にあふれ，授業や部活動で生徒と一緒に汗を流す人
- （高等学校）教科に関する専門性が高く，課外活動にも熱心に取り組み，明るく社会性に富む人
- （特別支援学校）子どもに対する純粋な愛情をもち，ともに学び，ともに成長することを喜びとする人
- （養護教諭）子どもに対して深い愛情をそそぎ，健やかな成長を支えることに喜びを感じる人

皆さんは先ほどのQ1でどのようなことを書かれたでしょうか。長崎県の例と近いことを挙げられた方もいると思います。松尾芭蕉が言った「不易と流行」という言葉は，教育にもあてはまりますが，ここに書かれているような教師の姿は，まさに「不易」の部分として，いつの時代にあっても大切にされなければならないものです。

その一方で，社会全体が急激に変化していく中で，教育には「今日的な課題」と言われるものが，たくさん現れています。Q3ではどのようなものを挙げられたでしょうか？　例えば，急速に進む社会の国際化・情報化への対応，環境教育の推進，キャリア教育の推進，いじめ問題・心の教育，小1プロブレム・中1ギャップへの対応，地域社会との連携等々……。世の中の変化に応じて，

学校には多岐にわたる重い課題が日を追うごとに現れ，積み重なっています。これらの課題への対応に追われ，現場の教師は，その出現のスピードや多様性，課題そのものの重さに押しつぶされそうになることもあります。

しかし，経験を積んできた教師は，生徒指導上の問題も，一筋縄ではいかない保護者への対応も，日々の授業がうまくいっていれば，大きな問題には至らないことを経験的に知っています。毎日の授業を通して，児童・生徒のみならず保護者からの信頼をも得ることができれば，学級経営そのものがうまくいくことを知っているのです。考えてみれば，教師が児童・生徒に接している時間の大半は授業です。授業は，単に知識を伝達し，技能を身につけさせる場ではなく，生徒指導の場でもあり，心の教育の場でもあるのです。

「流行」としての「今日的な課題」が，めまぐるしく変わり，増えていくからこそ，目の前の子どもとしっかり向き合いながら授業を進めていく，「不易」なものとしての授業力を備えることが大切です。「**教師は授業で勝負する**」。まずは，この言葉のもつ重みを，これからの授業力を考える上での大前提として再確認しておきたいと思います。

教師に求められる資質・能力の分類

それでは教師に求められる「授業力」とは具体的にはどのようなものでしょうか。ひとつに決まった明確な答えがあるわけではありませんが，いくつかの考え方を見てみましょう。吉崎（1997）は教師になる人が学ぶべき知識として図15-1のように，次の3つに整理しています。

ひとつ目は，「**子どもについての知識**」です。教師は子どもとの関係の中で教育活動を進めていきます。子どもと一口に言っても，さまざまな子どもがいます。積極的な子どももいれば，少しおとなしい子どももいます。最近では，普通学級でも特別な教育的支援を要する子どもの存在が注目されています。大学の授業では，子どもに対する理解を進めるために，教育心理学や発達心理学，カウンセリングに関わる授業などがあります。第3章では，授業をする上で学習者の分析が重要であることを指摘しました。

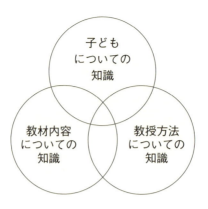

図15-1　教師になる人が学ぶべき知識（吉崎，1997）

　ふたつ目は,「**教材内容についての知識**」です。その教科・領域の指導は,やはり綿密な教材研究に基づいて行われます。例えば,国語の「読むこと」の領域では,物語文,説明文など,ジャンルにより,読み取らせ方や授業の進め方は異なります。そこで何を教えるか十分に理解していないと,授業として何をやっているのかが明確になりません。小学校の教師であれば,さまざまな教科内容についての幅広い理解を,中学校・高等学校の先生は,ひとつの教科を重点的に深く理解していることが求められます。第5章で行った課題分析は,教科・領域に関する深い理解があってこそ成り立つものだと言えるでしょう。

　そして最後に,「**教授方法についての知識**」です。本書で特に中心として扱ってきたところです。授業の設計・実施・評価という視点から,教授方法についての知識を習得し,それを実際に自分の授業に適用できるようになることをねらいとしてきました。目標設定の仕方,授業の組み立て方,授業を実践する際のさまざまな工夫や留意点,さらに実施した授業をどう振り返り,自らの授業力アップにつなげていくのかまで盛り込みました。どの章がどの部分に関連するか,今一度確かめてみてください。

　注意したいのはこの3つは図15-1のように重なる部分があることです。「教授方法についての知識」から見ると,当然子どもの実態を踏まえて指導することが求められますし,教材内容の分析が授業を設計する前提にあることは先ほど指摘した通りです。「子どもについての知識」は,発達段階に応じて教材内

第15章　これからの教師に求められる授業力──173

表15-1　InTASC で求められる教師の力量（CCSSO, 2011）

学習者と学習	1. 学習者の発達	学習者がいかに成長・発達するかを理解している。学習・発達のパターンは，認知的・言語的・社会的・情意的・身体的領域において個々人によって多様であることを認識し，発達的に適切でやりがいのある課題をデザインし実践する。
	2. 学習者の差異	一人ひとりの学習者が高い水準に到達できるインクルーシブな学習環境を保障するために，個々人の差異や多様な文化・コミュニティを理解している。
	3. 学習環境	個人・協働の学習を支援し，積極的な社会的相互作用，学習への主体的関与，そして自己動機づけを促す環境を創造するために他者と協働している。
内容	4. 内容の知識	中心概念，探究のツール，学問分野の構造を理解しており，内容の習得を保障するために，これらの側面を学習者にとって身近で意味あるものとする学習経験を創造している。
	5. 内容の応用	地域・世界の真正な問題とつながるような批判的思考，創造性や協働的な問題解決に学習者が関与できるように，概念の結びつけ方や異なる視点の活用の仕方を理解している。
教育実践	6. 評価	学習者が自身の成長に関与したり，学習の進歩をモニターしたり，教師と学習者の意思決定を促したりするための多様な評価方法を理解し，活用している。
	7. 教授計画	内容領域の知識，カリキュラム，学際的なスキルや教授法だけでなく，学習者の知識やコミュニティの背景も踏まえて，あらゆる生徒が学習目標に到達できるよう教授を計画している。
	8. 教授方略	学習者が内容領域とそれらのつながりを深く理解し，意味ある方法で知識を適用できるスキルを構築できるように促す多様な教授方略を理解し，活用している。
専門職の責任	9. 専門的学習と倫理的実践	専門的学習に継続的に取り組むことができ，常に自身の実践，特に選択と他者（学習者・家族・他の専門職・コミュニティ）への行動に対しての影響を継続的に評価するためのエビデンスを活用し，一人ひとりの学習者のニーズを満たせるよう実践を工夫している。
	10. リーダーシップと協働	生徒の学習に対する責任を担ったり，学習者の成長を保障するために学習者・家庭・同僚・校内の他の専門家・コミュニティの成員と協働したり，専門職の向上を図ったりするために適切なリーダーシップの役割と機会を求めている。

容を選ぶことや，教授方法の選択に影響します。さらには「教材内容についての知識」が確かであれば，前後の単元のつながりを踏まえた指導を子どもたちにできますし，教科特性に応じた指導法の選択ができるようになります。

　この詳細な分類例として，アメリカで提案されている InTASC（The

Interstate Teacher Assessment and Support Consortium) を表15-1に示しました。アメリカでは多くの州で，このような内容とそれに関する評価基準を作成しています。教員免許を申請するときには，この基準に基づいたティーチング・ポートフォリオを提出します。教員としての資質をかなり細部にわたって説明できるようにしています。

 新しい内容への対応〜学ぶ姿を見せる教師になる〜

　よい教師が備えるべき資質や能力として紹介したものは，まさしく「不易」なものであり，いつの時代でも変わらずに，大切にされなければならないものです。しかし，子どもたちに「身につけさせたい力」は何か，「どのような授業」によってその力をつけるのかということは，時代によって大きく変わってきていることにも目を向けてみましょう。
　ここでは，平成10（1998）年の学習指導要領改訂の際に登場した「総合的な学習の時間」に注目して，考えてみます。
　総合的な学習の時間は，子どもたちが変化の激しい社会を生き抜くために必要な「生きる力」の育成を図る，まさに「これからの授業」として創設されました。「流行」の代表的なものだったと言えます。
　ところが平成20（2008）年の学習指導要領の改訂によって，総合的な学習の時間は見直され，指導すべき内容が明確になった一方で時間数は削減されました。
　総合的な学習の時間の創設当初，現場の反応は，いくつかに分かれました。新しい授業のデザインを創り出そうと，試行錯誤しながら創造的に取り組んだ教師。いずれこの流行は廃れるだろうと様子を見た教師。そもそもの考え方を理解できず，方法を間違えて取り組んでしまった教師など。すばらしい実践を築き上げた学校もありましたが，教育的な効果を十分に上げることができない学校も多く，平成20（2008）年の学習指導要領の改訂では，見直しが図られたのです。
　うまくいかなかった原因としては，それまでの授業観や指導法と大きく異なることに対応できなかった教師が多かったことが指摘されています。例えば教

科書がないことです。具体的な目標や内容は，児童・生徒や地域の実態に応じて学校ごとに決めることとされています。教科書に沿ってひとつの決まった答え＝「正解」を教えるのではなく，現実の問題に直面し，なぜそれが問題なのかを自分で考え，多様な解を導き出す学習がめざされました。本書の言葉で言えば，決められた目標をもとに教材分析を行い，授業をつくっていたのがこれまでの教師でした。それが総合的な学習の時間では，目標を自分たちで決め，知識や技能の指導だけでなく，認知的方略で取り上げたような学び方や考え方そのものを教えることや，子どもたちを友だちや地域社会と関わらせ，プロジェクト型の学習の中で学ばせることが求められたのです。

　日々新しい課題が突きつけられ，毎日の忙しさに追われる学校では，古いもの，伝統的なものが幅をきかせがちになります。「不易と流行」の「不易」の部分こそが重要であり，「流行」に左右されてはいけない。新しいものは，やがて廃れるのだから，物好きや若い人に任せておけばよいという空気が流れがちになるのです。しかし，これからの教師をめざす皆さんには，社会そのものが急激に変化していく今だからこそ，社会の変化や求められる教育観の変化に敏感であってほしいのです。そして，「流行」の部分にも，どんどんチャレンジし，変化に柔軟に対応できる姿勢をもってほしいと思います。

　では，総合的な学習の時間がめざす子どもの姿をヒントに，チャレンジする力を磨くために必要なことについて考えてみましょう。平成20（2008）年の学習指導要領には次のように記されています。

　　「横断的・総合的な学習や探究的な学習を通して，自ら課題を見付け，自
　　ら学び，自ら考え，主体的に判断し，よりよく問題を解決する資質や能力
　　を育成するとともに，学び方やものの考え方を身に付け，問題の解決や探
　　究活動に主体的，創造的，協同的に取り組む態度を育て，自己の生き方を
　　考えることができるようにする」

　子どもたちに求められていることは，実は，教師自身にも求められていることでもあります。教師向けに読み替えてみれば，「よりよい授業を設計するために問題を見つけ，解決する方策を探究しないのですか？」「授業に主体的，

表15-2　メリルによるIDの第一原理（鈴木・根本，2011）

1. 現実に起こりそうな問題に挑戦する（Problem）
2. すでに知っている知識を動員する（Activation）
3. 例示がある（Tell meでなくShow me）
4. 応用するチャンスがある（Let me）
5. 現場で活用し，振り返るチャンスがある（Integration）

創造的，協同的に取り組み，これからの教師としての生き方を考えていますか？」といった問いかけが，クリアに学校現場に突きつけられています。身近な大人である教師が，「学ぶ姿」の手本を示さなければ，自ら学ぶ子どもを育てることはできないのです。

第4章で紹介したように「キー・コンピテンシー」「21世紀型スキル」「21世紀型能力」など，これから先の変化の激しい世の中を生き抜くために必要な資質や能力について盛んに議論されています。社会の変化に対応できる力を育てるID理論として，メリルによる**IDの第一原理**を紹介しましょう。表15-2に示したように，5つのステップで学習を支援するポイントが整理されています。実生活につながる問題を提示し（1），学習者が持っている知識やスキルを活用できるように思い出させます（2）。新しい情報は伝えるのではなく，モデルを見せて（3），それを実際に使ってみる場をもうけます（4）。最後に学んだ成果を生活に生かしたり，発表したりする（5）という流れです。ガニェの9教授事象と比べてみると，大まかな流れは似ていますが，総合的な学習の時間にもつながる，より学習者が主体的に取り組めるようなアドバイスが含まれています。

 成長しつづける教師であるために

私たちは未知の状況に置かれたとき，それまでの経験を頼りにどうすればよいか考えます。皆さんが授業をする際にモデルとして（最初に）思い浮かべるのは，自分が子どもの頃に受けてきた先生の姿や授業のイメージではないでしょうか。尊敬できる師に出会っていれば，それはとても貴重なことです。しかし，そのような出会いがなかったからと言って嘆く必要もありません。教師として

の授業力の「不易」の幹として，本書ではインストラクショナルデザインの考え方を示してきました。授業をする上でのすべてではありませんが，目標を定めた授業の設計と評価の基本を身につけることで，自分なりの授業づくりができるはずです。理想の教師像をもつ人も，それをただ真似るのではなく，その教師がどのような意図のもとで，どんな授業を行っていたのか，どこが優れていたから真似てみたくなったのか，説明できてこそあなたの授業力になり得るのです。

「流行」についてはどうでしょうか。情報社会に適応するICTの活用や，学力観の変化，学習者間の協同による授業づくりなど，いくつかの視点を取り上げました。目の前の子どもたちが大人になって活躍するのは10年後，皆さんが教育を受けてきたのを10年前とすれば，そこには20年の開きがあります。未来を生きる子どもたちを育てるには，新しいものにも果敢に挑戦し，学びつづける教師であってほしいということを前節で投げかけました。

最後に，自ら授業のあり方を探究できる教師でありつづけるために必要な3つの資質を紹介します。これらの資質が備わっていれば，新しい問題に遭遇しても，昔のやり方に逃げずに，新たな方法や技術を吸収できる，「**成長しつづける教師**」でいられると筆者らは考えています。

1──**広い視野をもつ**

学校は教師と子どもたちが向かい合う，濃密なコミュニケーションの場です。日々の関わりを通して常に同じ仲間で，同じように物事を考えていくと自ずと限界が来ます。他の学年，教科，他の学校の仲間，教員以外の地域や企業の方など，異質な他者と交わる機会を多くもち，考えの異なる人と意見交換をして，視野を広げる機会をもちつづけましょう。

2──**切磋琢磨できる人間関係**

授業力は，そう簡単に向上するものではありません。あなたの授業について意見を言ってくれる仲間はいますか。校内や研究会等で他の先生の授業を見る機会はありますか。互いの授業について，時には厳しく指摘し合う仲間の存在が必要です。ライバルやよき先輩とともに，よりよい授業のデザインを求めて切磋琢磨しましょう。

3 ── 探究しつづける意志

　よりよいものを求めつづける姿勢は,「教える」ことのプロでありつづけるためには不可欠です。授業設計の正解はひとつではありません。学習指導要領の変わり目はもちろん,新しい指導法やICTのような道具も含めて,新しい情報に敏感でいることが次の一歩を引き寄せます。とは言っても日々の授業は急には変わりません。今日はどんなチャレンジができたのか,どんな失敗があったのか。試行錯誤と反省の連続こそが成長する教師の姿そのものです。

　インストラクショナルデザインの理論を柱に,ここに掲げたような資質を身につけて授業に臨めば,きっと,日々の授業を通して子どもたちとの信頼関係を築くことができるはずです。熱意だけではなく,確かな知識と技術,それを支える心に裏打ちされた,わかりやすく魅力的な授業が展開できる教師をめざしてください。本書がその手がかりになれば幸いです。

章末問題

1. 今まであなたが経験してきた中でもっとも印象に残った授業はどんな授業でしたか？　その授業を実践するために必要な教師の資質・能力を考えてみましょう。
2. 子どもたちが生涯にわたって学びつづけていくためには,どんな力が必要ですか？　その力を育てるために,教師に必要な資質・能力を考え,1の結果と比べてみましょう。

・・・・・・・・・・・・・・・さらに深めるには？・・・・・・・・・・・・・

髙谷哲也（編著）（2011）教師の仕事と求められる力量―新たな時代への対応と教師研究の知見から―　あいり出版
　教師を取り巻く状況の変化や授業研究や教師研究の知見を学ぶことができます。

授業パッケージ
制作シート

各「制作シート」は次の URL から
ダウンロードできます。
http://www.ina-lab.net/special/id/

授業パッケージ制作シート①
授業企画書

氏名 [　　　　　　　]

1．授業テーマ

2．学習者

3．テーマの選択理由

4．学習目標

- ・
- ・
- ・

5．前提条件

授業パッケージ制作シート —181

授業パッケージ制作シート②

課題分析

氏名 [　　　　　　]

1．授業テーマ

2．学習目標

学習目標	学習目標の５分類
・ ・	

3．課題分析図

目標１：	（　　　分析）

目標２：	（　　　分析）

授業パッケージ制作シート③
学習指導案

月　日　　：　～　　：
場所 [　　　　] 授業者名 [　　　　　　]

1．授業テーマ

2．学習者

3．教材

4．指導

5．学習目標

6．指導過程

時配	学習内容と活動	指導上の留意点・評価

授業パッケージ制作シート④
評価計画

氏名 [　　　　　　　]

1．授業テーマ

2．学習目標

学習目標	学習目標の5分類
・ ・	

3．評価方法

時期	評価対象	評価方法	具体的な問題・観察場面など
授業前 導入			
授業場面			
授業後 まとめ			

4．重点的な評価の規準・基準

評価規準			評価場面

A（十分満足できる）	B（おおむね満足できる）	C（努力を要する）

授業パッケージ制作シート⑤

授業改善のチェックリスト

氏名 [   ]

1. 授業テーマ

	項　　　目	チェック
基礎基本	1：発問・説明・指示の役割の違いの区別	YES・NO・非該当
	2：黒板への板書，学習者のノート創りのイメージ化	YES・NO・非該当
	3：どんな学習者にどんな指導・支援をするかを考えた机間指導	YES・NO・非該当
	4：子どもの話す・聞くスキルを考えた学習活動の構成	YES・NO・非該当
	（具体的な工夫点）	
学習意欲	5：学習者の注意を引く導入や教材提示の工夫（Attention）	YES・NO・非該当
	6：学習者が身近に感じ，やりがいを感じる課題の工夫（Relevance）	YES・NO・非該当
	7：学習者が自信をもてる発問やフィードバックの工夫（Confidence）	YES・NO・非該当
	8：学習者が満足感を得られる場面の設定や評価の工夫（Satisfaction）	YES・NO・非該当
	（具体的な工夫点）	
学習者の協同	9：ペア活動を取り入れる際の学び合いが成立するための工夫	YES・NO・非該当
	10：グループ活動を取り入る際の役割分担や進行の仕方の工夫	YES・NO・非該当
	11：クラス全体の話し合いを設定する際のルールやまとめ方の工夫	YES・NO・非該当
	12：ワークシート上の指示，意見の整理，振り返りを促す道具の工夫	YES・NO・非該当
	（具体的な工夫点）	
ICT	13：授業の魅力を高めるICT活用（興味を引くコンテンツの提示）	YES・NO・非該当
	14：指導効率を高めるICT活用（時間短縮 aboteur 指示の明確化）	YES・NO・非該当
	15：学習効果を高めるICT活用（思考を深める，定着を図る）	YES・NO・非該当
	16：情報活用能力（収集・編集・発信）や情報モラルを高める場の設定	YES・NO・非該当
	（具体的な工夫）	

授業パッケージ
交流シート

授業パッケージ交流シート①
授業企画書の発表会をしよう！

氏名 ［　　　　　　　］

1．発表の評価をしよう

授業タイトル	話し方	学習目標	内容の魅力	質問・感想
	3：聞き手をみてハキハキと 2：言いたいことはわかる 1：小さな声で聞き取れない	3：具体的に何ができればいいかよくわかる 2：目標をイメージできたが具体性に欠ける 1：学習目標が何なのかよくわからなかった	3：ぜひ自分もやってみたい 2：関心をもつことはできた 1：魅力を感じなかった……	

2．企画書を書く上で大事だと思ったポイントを整理しよう。

・

・

3．他のグループとペアで相手の企画書に赤ペンチェックをしてみよう。

（赤ペンで書いたこと・感想）

（赤ペンで書かれたこと・感想）

授業パッケージ交流シート──187

授業パッケージ交流シート②

授業プランを交流しよう！

氏名 ［　　　　　　　　］

1．授業テーマ

評価の視点	・学習目標に見合った課題分析図が描けているか ・学習指導案からどのような授業かイメージできるか ・課題分析図と学習指導案の流れは対応しているか

2．発表者モード

	聞かれたこと	答えたこと
課題分析図		
学習指導案		
その他		

3．質問者モード

見に行った授業案の名前	質問したこと	得られた答え

4．まとめ

授業パッケージ交流シート③
模擬授業にチャレンジ！

氏名 [　　　　　　]

1. 授業テーマ

2. 指導案から模擬授業の実施場面を抜き出そう 〈　　分〉

時配	学習内容と学習活動	振り返り
導入 　分		
展開 　分		

3. 気づいたこと・アドバイスを寄せ書きしてもらおう

【声・目線・立ち居振る舞い】	【教材・板書】
【授業の組み立て】	【動機づけ】
【生徒との関わり】	（　　　　　　　　　　　　　）

文献

アロンソン, E. ／松山安雄(訳)(1986)『ジグソー学級─生徒と教師の心を開く協同学習法の教え方と学び方─』 原書房

赤堀侃司 (2004)『授業の基礎としてのインストラクショナルデザイン』 日本視聴覚教育協会

浅田　匡・藤岡完治・生田孝至(1998)『成長する教師─教師学への誘い─』 金子書房

東　洋(2001)『子どもの能力と教育評価　第 2 版』 東京大学出版会

CCSSO：全米州教育長協議会(2011)"*InTASC Model Core Teaching Standards: A Resource for State Dialogue*"

デ・ボノ, E. ／松本道弘(訳)(1986)『デボノ博士の「6 色ハット」発想法』 ダイヤモンド社

デシ, E. L.・フラスト, R. ／桜井茂男(訳)(1999)『人を伸ばす力』 新曜社

デューイ, J. (1899)『学校と社会』 岩波書店

ディック, W.・ケアリー, L.・ケアリー, J. O. ／角　行之(監訳)(2004)『はじめてのインストラクショナルデザイン』 ピアソン・エデュケーション

エンゲストローム, Y. ／山住勝広他(訳)(1999)『拡張による学習活動理論からのアプローチ』 新曜社

ガニェ, R. M.・ウェイジャー, W. W.・ゴラス, K. C.・ケラー, J. M. ／鈴木克明・岩崎　信(監訳)(2007)『インストラクショナルデザインの原理』 北大路書房

ガードナー, H. ／黒上晴夫(監訳)(2003)『多元的知能の世界　MI理論の活用と可能性』 日本文教出版

グリフィン, P.・マグゴー, B.・ケア, E. ／三宅なほみ(監訳)(2014)『21 世紀型スキル─学びと評価の新たなかたち─』 北大路書房

稲垣佳世子・波多野誼余夫(1989)『人はいかに学ぶか─日常的認知の世界─』 中央公論社

稲垣　忠(2004)『学校間交流学習をはじめよう』 日本文教出版

稲垣忠彦(1986)『授業を変えるために─カンファレンスのすすめ─』 国土社

鄭　仁星・久保田賢一・鈴木克明(2008)『最適モデルによるインストラクショナルデザイン─ブレンド型 e ラーニングの効果的な手法』 東京電機大学出版局

梶田叡一(2010)『教育評価　第 2 版補訂 2 版』 有斐閣

鹿毛雅治(2012)『モティベーションを学ぶ 12 の理論』 金剛出版

川喜田二郎(1967)『発想法─創造性開発のために─』 中公新書

ケラー, J. M. ／鈴木克明(監訳)(2010)『学習意欲をデザインする─ARCSモデルに

よるインストラクショナルデザイン―』 北大路書房

岸本裕史(1996)『改訂版 見える学力，見えない学力』 大月書店

国立教育政策研究所(2014)「OECD生徒の学習到達度調査―PISA調査問題例―(問題解決能力)」

黒上晴夫(2000)「学習時間」 教育工学会(編) 『教育工学事典』 実教出版 pp.74-75

リバーマン, R. P. 他／安西信雄(監訳) (1990)『生活技能訓練基礎マニュアル―対人的効果訓練：自己主張と生活技能改善の手引き―』 新樹会創造出版

リー, W. W.・オーエンズ, D. L.／清水康敬(監訳) (2003)『インストラクショナルデザイン入門―マルチメディアにおける教育設計―』 東京電機大学出版局

メイジャー, R. F.／小野浩三(訳) (1974)『教育目標と最終行動―行動の変化はどのようにして確認されるか―』 産業行動研究所

ミラー, G. A.／高田洋一郎(訳) (1972) 『心理学への情報科学的アプローチ』 培風館

文部科学省(2007)「教員のICT活用指導力の基準」 平成19年4月27日

文部科学省(2008)「小学校学習指導要領」 平成20年3月28日公示

文部科学省(2008)「中学校学習指導要領」 平成20年3月28日公示

文部科学省(2009)「高等学校学習指導要領」 平成21年3月9日公示

文部科学省(2010)「教育の情報化に関する手引き」 平成22年10月29日

村川雅弘(2005) 『授業にいかす教師がいきるワークショップ型研修のすすめ』 ぎょうせい

沼野一男(1986)『情報化社会と教師の仕事』 国土社教育選書8

大西忠治(1987)『授業づくり上達法』 民衆社

ライアン, K.／笹本正樹・川合治男(訳) (1975)『マイクロティーチング―教授技術の新しい研修法―』 協同出版

ライチェン, D. S.・サルガニク, L. H.／立田慶裕(訳) (2006)『キー・コンピテンシー―国際標準の学力をめざして―』 明石書店

リーサー, R. A.・デンプシー, J. V.／鈴木克明・合田美子(監訳) (2013)『インストラクショナルデザインとテクノロジ―教える技術の動向と課題―』 北大路書房

島 宗理(2004)『インストラクショナルデザイン―教師のためのルールブック―』 米田出版

鈴木克明(1989)「米国における授業設計モデル研究の動向」『日本教育工学雑誌』 第13巻第1号，pp.1-14

鈴木克明(1995a)『放送利用からの授業デザイナー入門―若い先生へのメッセージ―』 財団法人日本放送教育協会

鈴木克明(1995b)「『魅力ある教材』設計・開発の枠組みについて―ARCS動機づけモ

デルを中心に―」『教育メディア研究』 第 1 巻第 1 号，pp.50-61

鈴木克明(2002)『教材設計マニュアル―独学を支援するために―』 北大路書房

鈴木克明(2005)「〔総説〕e-Learning実践のためのインストラクショナル・デザイン」 『日本教育工学会誌』 第 29 巻第 3 号(特集号：実践段階の e-Learning)，pp.197-205

鈴木克明・根本淳子(2011)「教育設計についての三つの第一原理の誕生をめぐって」 『教育システム情報学会誌』 第 28 巻第 2 号，pp.168-176

田中博之(2001) 『講座 総合的学習のカリキュラムデザイン〈1〉総合的学習のカリキュラムを創る』 明治図書

ヴィゴツキー, L. S.／柴田義松(訳) (2001)『思考と言語』 新読書社

内田 実(2005)『実践インストラクショナルデザイン―事例で学ぶ教育設計―』 東京電機大学出版局

吉崎静夫(1997)『デザイナーとしての教師―アクターとしての教師―』 金子書房

索引

欧文

ADDIEモデル　3, 16
CAI　141
CBT　88
eラーニング　142
ICT　9, 109, 136, 137
ICT活用指導力　136
InTASC　173
KJ法　128
MOOCs　142
PISA　41, 78

あ行

青写真　18
アニメーション　140
アンダーマイニング効果　112
生きる力の育成　42
インストラクショナルデザイン（ID）　3, 13
運動技能　55, 90, 103
映像教材　140
エピソード記録法　153
エンハンシング効果　112

か行

階層分析　56
開発　6
外発的動機づけ　112
学業レベル　35
学習意欲　8, 35, 111, 117, 118
学習意欲デザインの簡略版　117
学習活動　70
学習環境　108
学習指導案　6, 72, 95, 163

学習指導要領　41, 46, 174
学習者分析　34
学習成果　47, 70, 94
学習方法の好み　35
学習目標　4, 27, 30-32, 46, 82
学習用具　107
学力　40, 45
学力観　5
課題分析　52, 61
課題分析図　53
学校放送番組　140
活動理論　124
活用　43, 46
カテゴリー分析　154
ガニェの学習成果の5分類　45
ガニェの9教授事象　16, 68, 84, 148
観察　88, 96, 149
関心・意欲・態度　111
観点別評価　42, 88
関連性　113, 114
関連知識　35

キー・コンピテンシー　41, 44, 174
機間指導（機間支援）　96, 105, 130
机上整理　107
聴く　106
技術的な条件　18
規準　83
基準　83
基礎的・基本的な知識・技能　42
キャロルの学校学習モデル　16, 36
教育工学　3
教育実習　145, 162
教育の情報化　136
教育評価の目的　78

索　引── 193

教材研究　51
教材内容についての知識　172
教師の基礎・基本　8, 100
教授方法についての知識　172
協同学習　8

クラス全体の話し合い　128
クラスター分析　54
クラスの特徴　35
グループ　126

計画　17
掲示物　108
形成的評価　81
ケラーの ARCS 動機づけモデル　16, 113,
　115, 119, 148
研究授業　2, 147, 162
言語情報　54, 89, 103
検討会　160

効果　15
工学　3
合格基準　30
効果の改善　137
構成要素の取捨選択　19
効率　15
効率重視　20
効率の改善　137
声　100
子どもについての知識　171
個別学習　141
ゴール達成　21

さ行

再生　89
再認　89
座席表　96, 153
撮影　150

ジグソー学習　127

思考力・判断力・表現力等　42
事後検討会　10, 164, 165
事後テスト　32, 80, 95
自己評価　85, 96
指示　103
自信　113, 114
システム的アプローチ　16
姿勢　102
視線集中の効果　138
事前テスト　33, 80, 95
実施　8
実物投影機　137
指導過程　73
指導書　7, 66
社会的構成主義　123
習熟度別授業　122
習得　43
授業カンファレンス　166
授業記録　150
授業設計　3, 27
授業（単元）の出入口　32
授業パッケージ　10
授業分析　9
授業力　169
主体的に取り組む態度　43
情意的領域　45
賞罰　112
情報活用の実践力　142
情報技術モデル　16, 143
情報教育　9, 142
情報コミュニケーション技術　136
情報社会　135
情報社会に参画する態度　142
情報提示　69
情報の科学的な理解　142
情報モラル教育　143
真正な（オーセンティックな）評価　86
診断的評価　81, 95

精神運動的領域　45
成長しつづける教師　177
生活班　126
整合性　22
設計　5, 16
切磋琢磨できる人間関係　177
絶対評価　30, 81
説明　103
前提条件　34, 35, 60, 125
前提テスト　32, 80, 95

総括的評価　81
総合的な学習の時間　34, 44, 86, 93, 132, 174
相互評価　84, 96
相対評価　81
ソーシャルスキルトレーニング　131

た行

態度　59, 93, 103
代理経験　140
タキソノミー　45
立ち居振る舞い　100
探究　43, 46
探究しつづける意志　178
単元　5, 6, 31, 52, 66, 73, 85
単元計画　66

チェックリスト　90, 153
知識基盤社会　41
知的技能　56, 91, 103
チャンク　70
注意　113, 114
抽出児　96, 153
中心発問　103

机の配置　109

ディベート形式　129
デザイン　16

デジタルカメラ　138
デジタル教科書　139
デジタルコンテンツ　139
手順分析　55
テスト　79
転移　70
展開　67

動機づけ　112, 116
道具を使用する　29
到達目標　81
導入　67
閉じた発問　102

な行

内発的動機づけ　112

ニーズ分析　34
21世紀型スキル　44, 176
日誌法（journal writing）　156
認知的方略　57, 92, 85, 103
認知的領域　45
認定評価　82

年間計画　52

ノート　96, 104, 155
ノート計画　104
ノート創り　104, 107

は行

発達の最近接領域　123
発表・発言　96
発問　102
話し合う　107
話す　106
パフォーマンス評価　88
バランス感覚　20
板書　103
板書計画　74, 104

索　引──195

反転授業　142

必須前提条件　60
ビデオカメラ　138
評価　7, 74, 87
評価計画　95
評価条件　29
評価の設計　24
表情　101
評定　81
開いた発問　102
広い視野　177

フィードバック　70
不易と流行　170
服装　101
フラッシュ型教材　140
ブランソンの情報技術モデル　16
フランダースの相互作用分析　154
ブレインストーミング法　128
ブレンデッド・ラーニング　142
プロジェクタ　137
プロジェクト学習　132
プロジェクトメソッド　132
プロトコル　152, 166
分析　4
文房具　109

ペア活動　125
ペーパーテスト　88, 94

報酬　112
方法の設計　24
ポートフォリオ　93, 133
ポートフォリオ評価　88
保持　70
補助的前提条件　60
ポスターセッション　161

ま行

マイクロティーチング　160
まとめ　67
マトリックス表　129
満足感　113, 114

見えない学力　92
見える学力　89
見取り　80
魅力　15
魅力を高める　137

メーガーの３つの質問　21, 82
目線　101
メタ認知　58
メタ認知能力　92
メリルのIDの第一原理　16, 176
面接　88

模擬授業　159
目標行動　28, 46
目標と指導と評価の一体化　23, 156
目標の設計　24
文字による記録　152
問題解決能力　78
問題場面　93

ら行

ルーブリック　83, 85
ルール　106, 124, 126, 129, 132, 163
レディネス　34, 80
ロールプレイ　131
録音　151
録画　150
６色ハット法　127

わ行

ワークシート　91, 96, 126
ワークショップ　131, 165

あとがき

　本書「授業設計マニュアル」の初版が発行されたのは 2011 年の 3 月。東日本大震災のあった月でした。筆者らは全員無事でしたが，学生の安否確認，生活インフラや食料の確保，キャンパスの状況確認，右往左往してる最中に，ピカピカの初版本が自宅に届けられました。震災を境に世の中何もかもが変わってしまったようにみえても，震災前の仕事がちゃんと形になり，その後，ご覧いただいた各地の先生方からのメールを受け取ることができたことで，自分の成すべき仕事を受け止め直すことができました。

　あれから 4 年が経とうとしています。当時，5 月までキャンパスは閉鎖され，入学式を 4 月に迎えられなかった学生たちもこの春，卒業です。修繕された校舎だけを見れば，震災の跡は目立たなくなりました。それでも，学生とのふとした会話，被災地の学校現場に訪問した折，震災後の世界を生きていること，癒えない傷と共にあること，復興の道半ばにあることを実感します。

　4 年の間にたくさんの先生方，学生の皆さんに本書を読んでいただくことができました。ご感想，ご意見，頂戴することができ，感謝しております。改訂にあたり意識したことは，読者の皆様からのご意見に応えること，21 世紀型スキルやタブレット端末の導入といった教育現場の動向に対応することでした。そしてもうひとつ，私自身や他の筆者も各大学の授業や学校現場での研修等で本書を活用してきました。前回の著者陣にさらに 1 名の小学校の先生を加えた執筆陣で討議を重ね，改善点を洗い出し，結果的に数える気も萎えるほどの修正を施しました。

　初版のあとがきでは，筆者のそれまでのティーチング・ポートフォリオをご紹介しましたが，今回も本書を使った大学での授業の様子の一端をご報告しましょう。

　まず白状しなければならないのは，15 回分の講義に合わせて 15 章構成にしていますが，途中，2 つの章を 1 回にまとめて授業しています。学生はペアま

あとがき──197

たは3人グループで「授業パッケージ」を制作します。「授業企画書」「課題分析図と学習指導案」「模擬授業」計3回の発表を実施するため，3章と4章，7章と8章，13章と14章をセットにして教えています。発表会は「授業パッケージ交流シート」を活用しています。

　授業では，本文を読ませる場面はそう多くありません。スライドで要点を紹介しながら，各章の図や表で整理されているところや，重要な語句を解説しています。今回新たに導入した各章冒頭の「やってみよう」のようなミニワークショップを取り入れたり，学校現場の授業の様子を紹介したり，教育に関するホットなニュースを織り交ぜたりしています。

　LMS（学習管理システム）を使って，授業企画書や課題分析図，学習指導案，章末問題の提出をさせています。179ページで紹介している本書の特設ウェブサイトには，課題分析図のPowerpointファイルをアップしてありますので，それを学生はダウンロードし，書き換えながら自分たちの図を作成します。なお今回，第5章の課題分析図の多くは変更しましたが，初版のデータもウェブサイトにはそのまま残しておきます。

　テキストは学生が授業外での学習を進めるために活用してもらっています。今風の言い方ならアクティブラーニングでしょうか。「授業パッケージ」の制作というプロジェクト学習の過程で授業時間は学生を焚きつけ，学生の考えや取り組みをシェアする場にしています。章末には，正誤や語句を確認するドリル的な問題や，図書紹介を追加したので，事前学習の確かめや発展学習にご活用ください。ちなみに章末問題の解答は本書には収録しておりません。必要な方は筆者までご連絡ください。

　90分の授業をどう組み立てるか試行錯誤していた頃から，プロジェクトの質を高めるための試行錯誤へ。授業を設計する目線が少しずつ変化してきた面もあります。けれども，学生たちがID理論を「言える・わかる」段階から「使いこなせる」段階にどうしたら引き上げられるのか。ブルームの梯子を上り下りしながら悩める日々はこれからも続いていくことでしょう。

　もうしばらくすると新しい学習指導要領が見えてくるはずです。大学入試の改革，人口減少に伴う地方での学校のあり方，児童・生徒「一人一台」をめざした情報端末の導入など，学校現場の変化を促す風は，より厳しくなることが

予想されます。IDの理論は，そんな風を受け止めつつ，目の前の子どもたちが学ぶべきことを学べるよう手助けする道具箱です。本書で学ぶ学生の皆さん，この道具箱を駆使して，めざす授業を自分でデザインし，実践できる教師をめざしてください。そして本書を使って授業をされる教員の皆さま，ぜひ活用，改善のアイデアをお聞かせください。今後ともご指導のほど，よろしくお願いします。

　本書が教師を志す学生と若手教員の一助となることを願って。

2014年12月吉日

稲垣　忠

● 編者紹介 ●

稲垣　忠 (いながき　ただし)

1976 年　愛知県に生まれる。
金沢大学教育学部，同大学院教育学研究科を経て，
関西大学大学院総合情報学研究科博士課程を修了，Ph.D（情報学）。
現在：東北学院大学教養学部人間科学科　准教授
専門：教育工学・情報教育
主著：『学校間交流学習をはじめよう』　日本文教出版
　　　『コミュニケーション力が育つ情報モラルの授業』（共著）　ジャストシステム
　　　『すぐできる！教育ブログ活用入門』（編著）　明治図書
　　　『デジタル社会の学びのかたち』（編著）　北大路書房

鈴木克明 (すずき　かつあき)

1959 年　千葉県に生まれる。
国際基督教大学教養学部（教育学科），同大学院を経て，
米国フロリダ州立大学大学院教育学研究科博士課程を修了，Ph.D（教授システム学）。
東北学院大学教養学部助教授，岩手県立大学ソフトウェア情報学部教授などを経て，
現在：熊本大学大学院社会文化科学研究科教授システム学専攻　教授
専門：教育工学・教育メディア学・情報教育
主著：『教材設計マニュアル』　北大路書房
　　　『教育工学を始めよう』（共訳・解説）　北大路書房
　　　『インストラクショナルデザインの原理』（監訳）　北大路書房
　　　『学習意欲をデザインする』（監訳）　北大路書房
　　　『e ラーニングファンダメンタル』（編著）　日本イーラーニングコンソシアム
　　　『放送利用からの授業デザイナー入門』　日本放送教育協会
　　　『最適モデルによるインストラクショナルデザイン』（共編著）　東京電機大学出版局

● **執筆者一覧** （執筆順，＊は編者）●

稲垣　忠＊（東北学院大学教養学部）	1章，6章，7章，9章，11章，12章
鈴木克明＊（熊本大学大学院社会文化科学研究科）	2章
市川　尚（岩手県立大学ソフトウェア情報学部）	3章，5章，10章
佐藤靖泰（宮城県富谷町立明石台小学校）	3章，12章
寺嶋浩介（大阪教育大学）	4章，5章，8章，10章，12章，15章
深見俊崇（島根大学教育学部）	4章，13章，14章，15章
坂本英祐（（株）Klar）	5章
井口　巌（東北学院中学・高等学校）	6章，8章，9章
成瀬　啓（宮城県教育庁）	7章，8章，9章，13章，14章
菅原弘一（仙台市教育局）	11章，14章，15章

授業設計マニュアル Ver.2
―教師のためのインストラクショナルデザイン―

2011 年 3 月 20 日　初版第 1 刷発行	定価はカバーに表示してあります。
2014 年 7 月 20 日　初版第 4 刷発行	
2015 年 2 月 20 日　Ver.2 第 1 刷発行	
2015 年 6 月 20 日　Ver.2 第 2 刷発行	

編　者　稲　垣　　　忠
　　　　鈴　木　克　明
発行所　㈱北大路書房

〒 603-8303　京都市北区紫野十二坊町 12-8
電　話　(075) 431-0361㈹
ＦＡＸ　(075) 431-9393
振　替　01050-4-2083

ⓒ 2011, 2015　　　　　　　　　　　　　印刷・製本　㈱太洋社

検印省略　落丁・乱丁本はお取り替えいたします。
ISBN 978-4-7628-2883-6　　Printed in Japan

・ JCOPY 〈㈳出版者著作権管理機構　委託出版物〉
本書の無断複写は著作権法上での例外を除き禁じられています。
複写される場合は，そのつど事前に，㈳出版者著作権管理機構
（電話 03-3513-6969,ＦＡＸ 03-3513-6979,e-mail: info@jcopy.or.jp)
の許諾を得てください。